Italo Kalvino
PRE NEGO ŠTO KAŽEŠ „HALO"

REČ I MISAO
KNJIGA 525

Urednik
JOVICA AĆIN

Izabrala i sa italijanskog prevela
ELIZABET VASILJEVIĆ

ITALO KALVINO

PRE NEGO ŠTO KAŽEŠ „HALO"

IZDAVAČKO PREDUZEĆE „RAD"
BEOGRAD

Izvornik

Italo Calvino
Prima che tu dica „Pronto"
© 1993 by Palomar Srl e Arnoldo Mondadori Editore Spa Milano
I edizione Oscar Mondadori Opere di Italo Calvino febbraio 1996

*

Izvorni naslovi

Apologija nastaje u teškim vremenima. Onda kada čovek više ne može jasno da uobliči svoje misli, iskazuje ih putem bajki. Ove pričice odgovaraju nizu društvenih i političkih doživljaja jednog mladića u vreme agonije fašizma. Raspoređene su prema temi i stilu, ali na kraju svake od njih stoji datum kada je napisana. Nije na odmet pogledati te datume da bi se opravdale neke apologije koje danas ne bi imale nikakvog smisla, kao i da bi se pratio razvoj piščeve misli, put na kojem on, počev od duboko pesimističnog skepticizma, polako uspeva da nađe čvrsto uporište, početak pozitivne vere. Ali pošto tu veru pronađe i njegove misli se razbistre, nestaje svaka svrha simbola i prenosnog značenja. I apologija umire.

Ne znam da li se to događa i drugima, ili samo meni, ali upravo prolazim kroz period prepun nedoumica o svom radu. Smelost s kojom sam se pre nekoliko godina svim silama bacio na pisanje, iščezla je. Što više odmičem, to je teže; ono što uspem da uradim, ne zadovoljava me; katkad naslutim knjige koje bi trebalo da napišem, ali me uplaši težina tog posla. Iz nekolikih radova koje sam napisao, drugi su, a i ja s njima, izgradili svojevrsnu definiciju moje malenkosti, na osnovu koje mogu još dugo da radim, s verovatnoćom da će mi to doneti zadovoljstvo i da moje napredovanje neće biti suviše naporno: međutim, osećam se kao u tesnoj odeći, gladan sam nečeg drugog.

Priča koja je izašla u ovom broju časopisa *Inventario*[1] dosta dobro oslikava pravac u kojem sam se do sada kretao s priličnom lakoćom: susreti sa prirodom i ljudskim bićima, držanje između poverenja i uzdržljivosti, milostivog i nemilosrdnog.

Sada mi je sve to poznato, ali kada sam počeo da pišem nisam uopšte o tome razmišljao: u glavi sam nosio čitavu riznicu pripovesti i likova, kao što se događa svima posle ratova i peripetija, i osećao sam poriv da ih ispričam, kao neki nepoznati ili kolektivni pesnik. Naravno, prelistavao sam sve savremene pripovedače, kao i one iz prošlosti, ne bih li naučio kako da to uradim najbolje što mogu.

Sada je međutim drugačije: teže je naći taj kolektivni podsticaj; komunikacija s drugima je manje neposredna. Za uzvrat, mnogo bolje poznajem sopstvenu snagu i granice: naučio sam koji su moji »poetski motivi« a koji nisu; kao i da, od svih književnih iskustava, treba da se držim pripovedanja satkanog od činjenica, objektivnog pisanja.

Pa ipak, svakim danom sve više osećam da tim načinom pripovedanja uspevam da se izrazim samo delimično. I ako nastavim da negujem samo tu stranu, postoji opasnost da počnem da ličim samo na ono što pišem.

Ima nešto što me nagriza iznutra. To bih mogao poistovetiti sa političkom potrebom ali moram biti određeniji. Za mene je politika veoma važna, ona je najvažnija hrana književnosti. Ali, koliko god u njoj ima strasti i nagona, zbog gneva i mržnje koju nosim u venama još od malih nogu, neposredni izraz je upravo to detinjasto i surovo pripovedanje kojeg sam se do sada držao: i osećam potrebu da napišem stotine priča protiv vojske ili policije kao što bih mogao napisati stotine pripovedajući o rakovima ili zečevima. Ali to i dalje nije ništa drugo do malograđansko pražnjenje, ne pomaže

---

[1] *Velike ribe, male ribe*, koju je kasnije Kalvino uključio u zbirku *Priče* (1958).

mi da iskoračim izvan granica o kojima sam govorio. Naravno, moje političke misli ne svode se na tako elementaran bunt. I onda?

Hteo bih reći da je ono što me nagriza iznutra u stvari moralna potreba, slika jednog moralnog stava koji sam često naslućivao, nešto u čemu bi naša generacija trebalo na neki način da se prepozna, nešto na šta se treba pozvati da bi se prizvao određen način suočavanja s problemima i danima, nešto što ima veze s politikom, i na suštinski i dubok način, nešto što sam sreo u određenim trenucima i u ljudima iz moje Partije, nešto što mi napokon dopušta da prikažem potpune i odrasle likove, da oživljavam istinske ženske figure. Nešto što, međutim, nikada nisam uspeo da izrazim, ma koliko pokušavao. Koji je pravi put?

Još uvek ne znam. Možda bih najpre trebalo da tu moralnu potrebu ostvarim u životu, pa će mi onda biti lakše da o njoj pišem.

Ili će se možda te dve stvari dogoditi zajedno: često je nezadovoljena životna težnja ono što nagoni na pisanje, a ono što se otkrije da je iskazano na papiru upravo je i ključ za život.

Italo Kalvino

APOLOGIJE I PRIČE
1943–1958

BLESAK

Dogodilo mi se jedanput, na jednoj raskrsnici, usred gomile sveta, meteža.

Stao sam, trepnuo: ništa mi nije bilo jasno. Ništa, baš ništa: nisam razumeo smisao stvari oko sebe, ljude, sve je bilo lišeno značenja, glupo. I prasnuh u smeh.

Ono što mi je tad bilo neobično jeste što to nikada ranije nisam primetio. I što sam do tog trenutka sve prihvatao: semafore, vozila, plakate, uniforme, spomenike, sve te stvari tako odvojene od smisla sveta, kao da postoji neka potreba ili logički sled koji ih međusobno povezuje.

Smeh mi je tad zamro u grlu, pocrveneo sam od stida. Počeo sam da mašem rukama kako bih privukao pažnju prolaznika i – Stanite malo! – da uzvikujem – nešto ne valja! Sve je pogrešno! Činimo besmislene stvari! Ovo ne može biti pravi put! Gde ćemo završiti?

Ljudi su se okupljali oko mene i ljubopitljivo me odmeravali. Ja sam stajao među njima, mahao rukama, upinjao se da im protumačim sve to, da i njih zaseni blesak koji me je tako iznenada prosvetlio: a ćutao sam. Ćutao, jer u trenu kada sam podigao ruke i otvorio usta, veliko otkrovenje kao da se povuklo, a reči su mi izašle tek onako, u žaru zanosa.

– Dakle? – upitaše ljudi – šta to znači? Sve je na svom mestu. Sve se odvija kako treba. Svaka stvar je posledica neke druge stvari. Sve stvari su međusobno usklađene. Mi tu ne vidimo ništa besmisleno ili neopravdano!

Stajao sam nepomično, zbunjen, jer preda mnom se sve ponovo vratilo na svoje mesto i činilo mi se da je sve prirodno, semafori, spomenici, uniforme, neboderi, šine, prosjaci, povorke; pa ipak, nisam zbog toga osećao spokoj, već nemir.

– Oprostite – odgovorih. – Možda sam ja pogrešio. Učinilo mi se. Sve je u redu. Oprostite – i stadoh da se probijam kroz šumu njihovih prodornih pogleda.

Pa ipak, čak i danas, svaki put (često) kad mi se desi da nešto ne razumem, ja se nehotice ponadam da je opet došao onaj pravi čas, i da ponovo neću razumeti ništa, da ću ponovo ovladati onom drugačijom mudrošću, koju sam u jednom istom trenu i našao i izgubio.

KOME JE DOBRO...

Bila jednom jedna zemlja u kojoj je sve bilo zabranjeno.

Podanici su se stoga okupljali na poljanama izvan grada gde su provodili čitave dane igrajući se klisa, jer to jedino nije bilo zabranjeno.

A pošto su se zabrane donosile postepeno, uvek iz opravdanih razloga, nije bilo nikoga ko bi se našao da prigovori ili ko ne bi umeo da se prilagodi.

Prošle su godine. Jednog dana vrhovni zapovednici uvideše da više nema razloga da sve bude zabranjeno, te razaslaše glasnike da jave podanicima da mogu činiti što im je volja.

Glasnici odoše na ona mesta gde su se podanici obično okupljali.

– Da znate – objaviše – više ništa nije zabranjeno.

Ovi su se i dalje igrali klisa.

– Jeste li razumeli? – navaljivali su glasnici. – Slobodni ste da činite šta vam je volja.

– Dobro – odgovorili su im podanici. – Mi se klisamo.

Glasnici su se upinjali da ih podsete na sve one lepe i korisne poslove koje su nekada radili i kojima od sada mogu ponovo da se vrate. Ali oni nisu slušali već su se i dalje igrali klisa, udarac za udarcem, bez predaha.

Videvši da su im pokušaji uzaludni, glasnici su otišli kod zapovednika i sve im ispričali.

– Ništa lakše – rekoše zapovednici. – Zabranjujemo igru klisa.

Ali narod tad podiže revoluciju i sve ih pobi.

Potom se, ne gubeći vreme, vrati klisanju.

SAVEST

Zarati se jednom i izvesni Luiđi upita da li bi mogao da se prijavi, kao dobrovoljac.

Svi su ga zbog toga silno hvalili. Luiđi se uputi tamo gde su delili puške, uze jednu i reče: – Odoh ja sad da ubijem izvesnog Alberta.

Upitaše ga ko je taj Alberto.

– Neprijatelj – odgovori – moj neprijatelj.

Ovi mu objasniše da mora da ubija jednu određenu vrstu neprijatelja, ne one koji se njemu sviđaju.

– Ma nemoj? – reče Luiđi. – Šta mislite, da sam ja budala? Taj Alberto je baš od te vrste, iz te zemlje. Kad sam saznao da ćete ratovati protiv njih, pomislio sam: idem i ja, pa ću tako lepo ubiti Alberta. I zato sam došao. Ja Alberta poznajem: on je običan podlac i zbog šačice para napravio je od mene budalu pred tamo jednom. Stari računi. Ako ne verujete, sve ću vam potanko ispričati.

Oni rekoše da veruju, da je to dovoljno.

– E onda – na to će Luiđi – sad mi lepo objasnite gde je Alberto pa da pođem tamo i da se borim.

Oni rekoše da ne znaju.

– Nije važno – reče Luiđi – pitaću nekog. Naći ću ga, hvala bogu, pre ili kasnije.

Oni mu rekoše da ne može tako, da mora da ratuje tamo gde ga oni pošalju, i da ubija koga stigne, ništa oni ne znaju ni o kakvom Albertu ili tamo nekome.

– Vidite – bio je uporan Luiđi – ipak ću morati da vam ispričam. Jer taj vam je pravi pravcati nitkov i dobro je da ste zaratili s njima.

Ali ovi nisu hteli ni da čuju.

Luiđi nije nikako mogao da se pomiri s tim: – Oprostite, ali vama je sasvim svejedno da li ću ja ubiti ovog ili onog neprijatelja. Dok je meni pak žao da ubijem nekoga ko možda nema nikakve veze s Albertom. Ovi izgubiše strpljenje. Neko mu tad izloži brojne razloge i objasni mu šta je to rat i da neprijatelj ne može da se bira kako se nekome svidi. Luiđi slegnu ramenima. – Ako je tako – reče – ja to neću.

– E vala sad si tu i hoćeš! – povikaše ovi.

– Napred marš, je'n-dva, je'n-dva! – I poslaše ga u rat.

Luiđi nije bio zadovoljan. Ubijao je neprijatelje, tek tako, ne bi li mu se možda ukazala prilika da ubije i Alberta ili nekog njegovog rođaka. Davali su mu medalju za svakog neprijatelja kog bi ubio, ali on nije bio zadovoljan. – Ako ne ubijem Alberta – razmišljao je – ispašće da sam ubio tolike ljude ni zbog čega. – I grizla ga je savest.

Za to vreme davali su mu medalje jednu za drugom, od svih metala.

Luiđi je razmišljao: – Ubijaš danas ubijaš sutra, neprijatelja je sve manje pa će valjda doći red i na tog lupeža.

Međutim, neprijatelji su se predali pre nego što je Luiđi našao Alberta. Njega obuze griža savesti što je pobio tolike ljude ni zbog čega, i pošto je sklopljen mir, on potrpa sve medalje u jednu vreću i ode da luta po zemlji neprijatelja i da ih poklanja deci i ženama poginulih.

Lutajući tako, desi se da sretne Alberta.

– Dobro – reče – bolje ikad nego nikad – i ubi ga.

Odmah su ga uhapsili, osudili zbog ubistva i obesili. Na suđenju je uporno ponavljao da je to učinio da bi umirio savest, ali ga niko nije slušao.

CRNA OVCA

Bila jednom jedna zemlja u kojoj su svi bili lopovi. Noću bi svaki stanovnik izlazio s kalauzima i fenjerom, krećući u pljačku kuće nekog od svojih suseda. Vraćao se u zoru, natovaren, da bi zatekao svoju kuću opljačkanu.

I tako su svi živeli u slozi i niko nije bio oštećen, pošto je jedan stanovnik pljačkao onog drugog, a taj opet nekog trećeg i tako dalje, sve do nekog poslednjeg koji bi opljačkao onog prvog. Trgovina je u toj zemlji postojala samo u vidu prevare kako od strane onoga ko prodaje tako i od strane onoga ko kupuje. Vlada je bila udruženje nastalo u cilju vršenja krivičnog dela na štetu podanika, a podanici su sa svoje strane samo gledali kako da prevare vladu. Tako se život odvijao bez zastoja, i nije bilo ni bogatih ni siromašnih.

Elem, ne zna se kako, ali se u toj zemlji zadesi jedan pošten čovek. Umesto da izlazi sa džakom i fenjerom, on je noću sedeo kod kuće, pušio i čitao romane.

Lopovi bi došli, videli upaljeno svetlo i ne bi ulazili.

To je potrajalo neko kraće vreme: a onda mu je trebalo objasniti da to što on želi da živi i ne radi ništa svakako nije valjan razlog da ne pusti druge da rade. Svaka noć koju on provede kod kuće, značila je da će jedna porodica sutradan ostati gladna.

Pred ovakvim razlozima, pošten čovek nije mogao da se pobuni. Stade i on da izlazi uveče i da se vraća u zoru, ali nije išao u krađu. Bio je pošten, tu nije bilo leka. Odlazio je na most i posmatrao kako protiče voda. Vraćao se kući i zaticao je opljačkanu.

Za manje od nedelju dana pošten čovek ostade bez i jednog jedinog dinara, prazne trpeze, u praznoj kući. Ali to nije strašno, sâm je bio kriv; nevolja je bila što je njegovo ponašanje napravilo neopisivu pometnju. Jer on je dopuštao da ga pokradu do gole kože, a ovamo ni od koga nije krao; i tako je uvek bilo nekoga ko bi se ujutru vratio kući i zatekao je netaknutu: onu kuću koju je on trebalo da opljačka. Činjenica je da su posle kraćeg vremena oni koji nisu bili pokradeni postali bogatiji od drugih i više nisu hteli da kradu. S druge strane, pak, oni koji su dolazili da kradu u kuću poštenog čovek uvek su je zaticali praznu; i tako su postajali siromašni.

Za to vreme, oni koji su postali bogati i sami su stekli naviku da uveče odlaze na most i posmatraju kako protiče voda. To je samo povećalo čitavu zbrku, jer je bilo mnogo onih koji su postali bogati i mnogo onih koji su postali siromašni.

Bogati su, međutim, shvatili da će i oni ubrzo postati siromašni ako noću budu odlazili na most. I pomislili su: – Hajde da platimo siromašnima da kradu za naš račun –. Sačinili su se ugovori, utvrdile plate, procenti: a pošto, naravno, lopov uvek ostaje lopov, pokušavali su da se uzajamno prevare. Ali kako to uvek biva, bogati su svejedno postajali sve bogatiji, a siromašni sve siromašniji.

Bilo je bogataša koji su se toliko obogatili da više nisu morali da kradu i da unajmljuju druge da kradu za njih da bi i dalje bili bogati. Ali ako bi prestali da kradu postali bi siromašni jer su siromašni krali od njih. Onda su najsiromašnijima među siromašnima platili da brane njihove stvari od ostalih siromašnih, i tako su ustanovili policiju, i sagradili zatvore.

I eto, samo nekoliko godina nakon događaja s poštenim čovekom, više se nije govorilo o krađama ili pokradenima, već jedino o bogatima ili siromašnima; pa ipak, i dalje su svi bili lopovi.

Pošten je bio samo onaj čovek, a on je umro odmah, od gladi.

LJUBAV DALEKO OD KUĆE

Ponekad se jedan voz udaljava prugom duž obale mora i u njemu sam ja koji odlazim. Jer ja ne želim da ostanem u svom rodnom mestu prepunom sna i bašti, da pogađam tablice stranih kola kao dečak s brda koji sedi na ogradi mosta. Ja odlazim, zbogom, rodno mesto. U svetu, izvan mog rodnog mesta, postoje drugi gradovi, neki na moru neki ne zna se zašto zabačeni u dnu ravnica, kao pristaništa za vozove koji stižu ne zna se kako, zadihani posle kruženja nepreglednim poljima. S vremena na vreme ja siđem u nekom od tih gradova i uvek izgledam kao putnik novajlija, sa džepovima prepunim novina i očiju nadraženih od prašine.

Noću gasim svetlo u novom krevetu i osluškujem tramvaj, onda pomislim na svoju sobu u svom rodnom mestu, beskonačno daleko u noći, čini se nemoguće da u isto vreme postoje dva tako daleka mesta. I, ne znam tačno gde, uranjam u san.

Ujutru, s one strane mog prozora sve čeka da bude otkriveno, ako je Đenova, ulice koje silaze i penju se i kuće u podnožju i na brdu i brisanje vetra od jedne do druge, ako je Torino, beskrajne prave ulice, kad se nagnemo preko ograde malih balkona, s dvostrukim drvoredom koji se negde u daljini stapa s belim nebom, ako je Milano, zgrade koje jedna drugoj okreću leđa na travnjacima od magle. Mora da postoje i drugi gradovi i druge stvari koje čekaju da budu otkrivene: jednoga dana ću poći da ih vidim.

Soba je, međutim, u svakom gradu uvek ista, kao da je „madam" šalju jedna drugoj od grada do grada čim saznaju da ja stižem. Čak i moj pribor za brijanje na mermernoj ploči komode izgleda kao da sam ga tu zatekao po dolasku, a ne da sam ga ja stavio, s tim svojim oreolom neizbežnosti, koji tako malo liči na mene. Godinama mogu živeti u nekoj sobi posle opet ko zna koliko godina u drugim posve istim sobama, a da je nikada ne osetim kao svoju, da joj nikada ne dam svoj pečat. Jer kofer je uvek spreman za pokret, i nijedan grad u Italiji nije onaj pravi, i ni u jednom gradu se ne može naći posao, i ni u jednom gradu nijedan posao koji se nađe ne zadovoljava jer uvek postoji neki drugi bolji grad gde očekujem da ću jednog dana otići da radim. I tako, odeća uvek stoji u fiokama onako kako sam je izvadio iz kofera, spremna da tamo ponovo bude vraćena.

Prolaze dani i nedelje i u sobu počinje da dolazi jedna devojka. Mogao bih reći da je uvek ista jer u početku je svaka devojka ista, tek nepoznata osoba, s kojom opštimo prema jednom obaveznom obrascu. S tom devojkom treba provesti neko vreme i uraditi mnogo stvari da bismo na kraju zajedno shvatili šta je to; a onda počinje doba velikih otkrića, ono pravo i možda jedino doba ljubavi koje izaziva uzbuđenje. Zatim, pošto s tom devojkom provedemo još neko vreme i uradimo još mnogo stvari, primećujemo da su i druge bile takve, da sam i ja takav, da smo svi takvi, i svaki njen pokret postaje dosadan kao da ga odražava hiljadu ogledala. Zbogom, devojko.

Prvi put kada mi jedna devojka, neka bude Marijamirela, dolazi u posetu, ja gotovo ništa ne mogu da radim čitavo popodne: čitam neku knjigu a onda primetim da sam prešao dvadeset strana gledajući slova kao figure; pišem a zapravo šaram po beloj površini lista i sve te šarice zajedno postaju crtež slona, senčim slona i on na kraju postaje mamut. Onda se naljutim zbog tog mamuta i pocepam ga: zar je moguće, svaki put, tako detinjasto, mamut.

Cepam mamuta, zvoni zvono: Marijamirela. Moram da požurim da otvorim pre nego što se madam pokaže iza rešetke nužnika i vikne; Marijamirela bi se uplašila i pobegla glavom bez obzira.

Madam će jednog dana umreti tako što će je zadaviti lopovi: zapisano je, nema pomoći. Ona misli da će izbeći sudbinu ako ne otvara kad neko zvoni, i ako pita: – *A ko je to tamo, moliću?* – kroz rešetku nužnika, ali ta predostrožnost je beskorisna, štampari su već složili naslov – Gazdarica Adelaide Brageti nađena zadavljena, počinioci nepoznati – i čekaju potvrdu da bi ga prelomili.

Marijamirela je tamo u polusenci, s mornarskim šeširićem sa kićankom i srcastim ustima. Otvaram i ona je već smislila čitav razgovor koji će povesti čim uđe, sasvim običan, jer nužno je da se neprekidno priča sve vreme dok je vodim kroz mračan hodnik do svoje sobe.

I ta priča bi trebalo da potraje, da se ne bi desilo da se nađe nasred moje sobe ne znajući više šta da kaže. Soba je neoprostiva, beznadna u svojoj turobnosti: gvozdeno uzglavlje kreveta, nepoznati naslovi knjiga na maloj polici.

– Dođi da pogledaš kroz prozor, Marijamirela.

Prozor je ogroman, opasan gvozdenom ogradom bez balkona i uzdignut na dva stepenika, čini nam se da nema kraja penjanju. Napolju, crvenkasto more crepova. Posmatramo krovove u nedogled oko nas, zdepaste dimnjake koji sebi iznenada daju oduška u pramenovima dima, besmislene balustrade na krovnim vencima gde niko ne može da se pomoli, zidiće oko praznih zabrana, na vrhu oronulih kuća. Položio sam joj ruku na rame, ruku koju ne osećam kao svoju, gotovo oteklu, kao da se dodirujemo preko kakvog vodenog pojasa.

– Je li bilo dovoljno?

– Dovoljno.

– Idemo.

Silazi se i zatvara. Pod vodom smo, tumaramo s bezobličnim utiscima. Po sobi se vrti mamut, drevni ljudski strah.

– Kaži.

Skinuo sam joj mornarski šeširić i zavitlao ga na krevet.

– Ne. Ionako sada odlazim.

Vraća ga na glavu, ja ga uzimam i bacam u vazduh, hitro, sad se vijamo, igramo se preko volje, i evo, ljubav, ljubav jedno prema drugom, želja da jedno drugo izgrebemo i izujedamo, i pesnice čak, po leđima, a onda malaksali poljubac: ljubav.

Sad pušimo sedeći licem u lice: cigarete su ogromne između naših prstiju, kao predmeti pod vodom, velika potonula sidra. Zašto nismo srećni?

– Šta ti je? – poče Marijamirela.

– Mamut – kažem.

– Šta je to? – ona će.

– Simbol – kažem.

– Čega? – pita

– Ne zna se čega – kažem. – Simbol.

– Vidiš – kažem – jedne večeri sam s jednom devojkom sedeo na obali reke.

– Kako se zvala?

– Reka se zvala Po, a devojka Enrika. Zašto?

– Onako: volim da znam s kim si bio ranije?

– Dobro, sedeli smo na travnatoj obali reke. Bila je jesen, predveče, obale su već bile u mraku i na reku je padala senka dva čoveka koji su stojeći veslali. U gradu su počela da se pale svetla a mi smo sedeli na obali s one druge strane reke, i u nama je bilo ono što se zove ljubav, ono nezgrapno međusobno otkrivanje i traženje, onaj opor ukus jedno drugog, znaš već, ljubav. A u meni je bila tuga i usamljenost, te večeri na obali crnih senki reke, tuga i usamljenost novih ljubavi, tuga i seta starih ljubavi, tuga i beznađe budućih ljubavi. Don Đovani, tužni junak, drevna kazna, u njemu tuga i usamljenost, ništa više.

– Je l' i sa mnom tako? – kaže Marijamirela.
– A kad bi ti malo pričala, kad bi sad ti rekla ono što znaš?

Počeo sam ljutito da vičem; ponekad dok pričamo kao da čujemo neki odjek, i razbesnimo se.

– Šta bih ja o tim stvarima... ja, vas muškarce, ne mogu da shvatim.

Tako je: žene su imale samo lažne podatke o ljubavi. Puno različitih podataka, i svi su lažni. I varljiva iskustva. Pa ipak, uvek su verovale u ono što su čule, a ne u ono što su iskusile. Zbog toga imaju toliko lažnih stvari u glavi.

– Ja bih volela, vidiš, mi devojke – kaže. – Muškarci: ono što smo čitale, ono što smo jedna drugoj šaputale na uvo još kao devojčice. Nauči se da je *to* važnije od svega, svrha svega. A onda, vidiš, shvatim da se do *toga*, zaista do *toga*, nikada ne dođe. Nije važnije od svega. Volela bih da ništa od toga ne postoji, da o tome ne mora da se razmišlja. Pa ipak, stalno se iščekuje. Možda bi trebalo da postanemo majke da bismo shvatile pravi smisao svega. Ili prostitutke.

Eto: to je čudesno. Svi imamo svoje skriveno tumačenje. Dovoljno je da otkrijem njeno skriveno tumačenje i ona mi više nije tuđa. Šćućureni smo jedno pored drugog kao veliki psi, ili rečna božanstva.

– Vidiš – kaže Marijamirela – možda se ja tebe plašim. Ali ne znam gde da se sklonim. Vidik je pust, nema ničega osim tebe. Ti si medved i pećina. Zato sam ja sad sklupčana u tvom naručju, da bi me odbranio od straha od tebe.

Ipak, ženama je lakše. U njima teče život, velika reka, u njima, nastavljačicama, postoji sigurna i tajanstvena priroda, u njima. Postojao je Veliki Matrijarhat, nekada, istorija naroda tekla je kao istorija biljaka. A onda, ponos trutova: pobuna, i evo civilizacije. Razmišljam, i ne verujem u to.

– Desilo mi se jedanput da sam podbacio kao muškarac s jednom devojkom, na obronku jednog brda

– kažem. – Brdo se zvalo Binjone, a devojka Anđela Pija. Velika livada, svuda unaokolo žbunje, sećam se, i na svakom listu po jedan skakutavi zrikavac. Ono glasanje zrikavaca, užasno prodorno, od kojeg se ne možeš sakriti. Ona nije shvatila zašto sam tad ustao i rekao da poslednja žičara upravo kreće. Na to brdo se, inače, išlo žičarom: i kad god bi prolazila pored stuba, imao sam utisak nekog vakuuma unutra, i ona reče: „Kao kada me ti poljubiš". Za mene je to, sećam se, bilo veliko olakšanje.

– Ne treba da mi pričaš te stvari – kaže Marijamirela. – Ne bi više bilo ni medveda ni pećine. A oko mene bi ipak ostao samo strah.

– Vidi, Marijamirela – kažem – mi ne treba da razdvajamo stvari od misli. To je bilo prokletstvo naše generacije: što nije mogla da radi ono što misli. Ili što nije mogla da misli ono što radi. Evo: na primer, pre mnogo godina (prepravio sam ličnu kartu jer nisam bio dovoljno star) otišao sam s jednom ženom u javnu kuću. Javna kuća se zvala Via Kalandra 15, a žena Derna.

– Kako?

– Derna. U to doba smo imali kraljevinu i jedina novina bila je to što su se žene iz takvih kuća zvale Derna, Adua, Harar, Desije.

– Desije?

– I Desije, mislim. Hoćeš da te od sada zovem Desije?

– Ne.

– Dobro, da se vratim na taj događaj, s tom Dernom. Bio sam mlad, a ona pozamašna i maljava. Pobegao sam. Platio ono što je imalo da se plati i pobegao: činilo mi se da su sve izašle na stepenište i smejale se za mnom. Ali to nije ništa: čim sam se vratio kući, počeo sam da je zamišljam i onda me više nije plašila. Obuzela me je želja za njom, silna želja za njom... U tome je stvar: za nas je ono što zamišljamo drugačije od onoga što vidimo.

– Evo – kaže Marijamirela – ja sam već zamislila sve što se može zamisliti, stotine života sam proživela u mislima. Da sam udata, da imam gomilu dečice, da sam abortirala, da sam udata za bogataša, da sam udata za siromaha, da sam dama, da sam uličarka, balerina, monahinja, prodavačica pečenog kestenja, zvezda, poslanik, dobrovoljna bolničarka, šampionka. Mnogo života sa svim njihovim detaljima. I svi su se završavali srećno. Ali u stvarnom životu nikad se ne događa ništa od onoga što zamišljamo. I tako, svaki put kad uhvatim sebe da maštam, ja se prepadnem i pokušam da odagnam misli, jer ako nešto sanjam, to se nikada neće ostvariti.

Draga je devojka, Marijamirela; draga devojka znači da razume one teške stvari o kojima govorim i odmah ih pretvara u lake. Želeo bih da je poljubim, ali onda pomislim da bih, ljubeći je, imao utisak da ljubim ideju o njoj, ona bi imala utisak da je ljubi ideja o meni, i ne činim ništa.

– Naša generacija, Marijamirela, treba ponovo da osvoji stvari – kažem. – Da u isto vreme mislimo i radimo. A ne da radimo ne misleći. Između onoga što mislimo i onoga što živimo više ne treba da bude razlike. Tad ćemo biti srećni.

– Zašto je tako? – pita me.

– Vidiš, nije tako za sve – kažem. – Ja sam kao dete živeo u velikoj vili, s balkonima visokim kao da lete nad morem. I provodio sam dane iza njihovih ograda, usamljeno dete, i svaka stvar je za mene bila neki čudan simbol, razmaci između urmi što u grozdovima vise sa stabljika, iskrivljeni kraci kaktusa, neobični znakovi na pošljunčenim alejama. Onda su tu bili odrasli, koji su imali zadatak da se bave stvarima, pravim stvarima. Ja nisam morao da radim ništa osim da otkrivam nove simbole, nova značenja. Takav sam ostao čitavog života, još uvek se krećem u nekom zamku znakova, a ne stvari, stalno zavisim od drugih, od „odraslih", od onih koji upravljaju stvarima. Ima, međutim, onih koji su od detinjstva radili na strugu. Sa nekom alatkom za pravljenje stvari. Koja ne može da ima drugačije značenje od onoga što pravi. Kada vidim neku mašinu, posmatram je kao kakav čarobni zamak, zamišljam majušne čovečuljke koji se kreću između nazubljenih točkova. Strug. Ko zna šta je strug. Znaš li šta je strug, Marijamirela?

– Strug, ne znam tačno, sada – kaže.

– Mora da je veoma važan. Svi bi trebalo da nauče da koriste strug, umesto što uče da koriste pušku, koja je takođe simboličan predmet, bez neke prave svrhe.

– Mene ne zanima nikakav strug – kaže.

– Vidiš, tebi je lakše: imaš mašine za šivenje da se spaseš, igle, šta ti ja znam, šporete na gas, pa i pisaće mašine. Ti nemaš mnogo mitova kojih treba da se oslobodiš; za mene su sve stvari simboli. Ali jedno je sigurno: moramo ih ponovo osvojiti.

Milujem je, sasvim polako.

– Nego, jesam li ja stvar? – pita.

– Uh – kažem.

Otkrio sam jednu majušnu rupicu na ramenu, iznad pazuha, meku, između kostiju, kao one rupice na obrazima. Pričam usana priljubljenih na rupicu.

– Rame kao obraz – kažem. Ništa se ne razume.

– Kako? – pita. Ali je ne zanima ništa od onoga što govorim.

– Trka kao jun – kažem, opet u rupicu. Ona ne razume to što radim ali je zadovoljna i smeje se. Draga devojka.

– More kao dolazak – kažem, zatim odmičem usne od rupice i na nju prislanjam uvo da čujem odjek. Ne čuje se ništa osim njenog disanja i srca, dalekog i zakopanog.

– Srce kao voz – kažem.

Evo: sada Marijamirela nije zamišljena Marijamirela niti stvarna Marijamirela: ona je Marijamirela! I ono što sad radimo nije nešto zamišljeno niti nešto stvarno: let iznad krovova, i ta kuća koja se uzvisuje kao palme pod prozorom moga doma daleko odavde, neki silovit vetar podigao je naš poslednji sprat i nosi ga nebom i bledocrvenim prostranstvima razlivenih crepova.

Na obali mog malog mesta, more me je spazilo i raduje mi se kao kakav veliki pas. More, džinovski prijatelj, majušnih belih ruku koje grebu šljunak, evo gde preskače zidove nasipa, naglo podiže beli stomak i preleće planine, evo ga gde stiže veselo kao kakav ogroman pas s šapama belim od penastih talasa. Miruju zrikavci, sve su ravnice pokorene, polja i vinogradi, i samo jedan seljak sad uznosi trozubac i uzvikuje: evo more nestaje kao da ga je zemlja popila. Zbogom, more.

Izlazeći, Marijamirela i ja počinjemo da trčimo niz stepenice koliko nas noge nose, pre nego što se madam pomoli iza rešetke i pokuša sve da shvati gledajući nas u oči.

VETAR U JEDNOM GRADU

Nešto, ali nisam razumeo šta. Hod ljudi koji idu ravnim ulicama kao da se penju ili silaze, mrdanje usana i nozdrva poput ribljih škrga, pa onda kuće i vrata koja izmiču i oštriji uglovi ulica. Bio je to vetar: kasnije sam shvatio.

Torino je grad bez vetra. Ulice su kanali nepomičnog vazduha koji se prostiru u nedogled kao zavijanje sirene: nepomičnog vazduha, staklastog od mraza ili mekog od omorine, uzburkanog jedino tramvajima što lete po šinama. Mesecima zaboravim na vetar; ostane mi samo neka maglovita potreba za njim.

Ali dovoljno je da se jednog dana podigne kovitlac u dnu neke ulice i poleti mi u susret, i ja se setim svog malog mesta okovanog vetrom na obali mora, s kućama razbacanim na brdu i u podnožju, a između vetar koji se spušta i penje, i pločnici sa stepenicama i od oblutaka, i komadići plavog i vetrovitog neba iznad uskih uličica. I moja kuća sa žaluzinama što udaraju, palme što ječe u prozorima, i glas moga oca koji se čuje s vrha brežuljka.

Takav sam ja, čovek vetra, dok hodam potrebno mi je da osetim trenje i podstrek, dok pričam da sasvim iznenada zaurlam grizući vazduh. Kada se u gradu podigne vetar i počne da se širi iz četvrti u četvrt plamenim jezicima nekog bezbojnog požara, grad se pred mojim očima otvara kao knjiga, čini mi se da su mi svi prolaznici poznati, želeo bih da doviknem „hej!" devojkama, biciklistima, da počnem naglas da razmišljam mašući rukama.

Tad nisam u stanju da ostanem kod kuće. Živim u jednoj iznajmljenoj sobi na petom spratu; pod mojim prozorom danonoćno se klate tramvaji u uzanoj ulici, kao da tutnje kroz sobu; kad padne mrak daleki tramvaji ispuštaju krike kao sova. Gazdaricina kćer je debela, histerična službenica: jednoga dana razbila je tanjir graška u hodniku i zatvorila se u sobu vrišteći.

Nužnik gleda na dvorište; nalazi se u dnu tesnog hodnika, gotovo pećine, vlažnih zidova zelenih od buđi: možda će se u njemu napraviti stalaktiti. Iza rešetke dvorište, od onih torinskih, okovanih patinom pohabanosti, s gvozdenom ogradom na balkonima na koju se ne možeš nasloniti a da se ne uprljaš rđom. Kavezi nužnika poređani jedan iznad drugog čine nešto nalik tornju: nužnici sa zidovima mekim od buđi, pri dnu močvarnim.

A ja mislim na svoju kuću što se diže nad morem između palmi, tako drugačiju od svih ostalih kuća. I prva razlika koja mi pada na pamet je broj nužnika koje je imala, nužnika svih vrsta: u kupatilima s blistavim belim pločicama, u polumračnim sobičcima, čučavci, stari engleski klozet sa porcelanskom šoljom ukrašenom plavim vencima.

S takvim mislima u glavi išao sam po gradu mirišući vetar. I utom sretnem devojku koju znam: Adu Idu.

— Veseo sam: vetar! — kažem joj.

— Meni ide na živce — odgovara. — Isprati me malo: do tamo.

Ada Ida je jedna od onih devojaka koje odmah, čim te vide, počnu da pričaju o svom životu, o svojim razmišljanjima, iako te jedva poznaju: devojaka koje nemaju tajni pred drugima, osim onih koje su i njima tajna; pa čak i za te tajne one nalaze reči, one svakodnevne, koje niču bez muke, kao da se njihove misli rađaju već uobličene u reči.

— Meni vetar ide na živce — kaže. — Zatvorim se u kuću, bacim cipele i tabanam bosa po sobama. Onda uzmem flašu viskija koju mi je poklonio jedan Amerikanac. Nikada mi nije pošlo za rukom da se sama napijem. U nekom trenutku počnem da plačem i onda prestanem. Ima već nedelju dana kako lutam i nikako da nađem posao.

Ne znam kako uspeva. Ada Ida, kako uspevaju svi drugi, žene i muškarci, koji mogu svima da se poveravaju, koji svima imaju nešto da kažu, koji se mešaju u tuđe stvari i uvlače druge u svoje. Kažem: – Ja živim u jednoj sobi na petom spratu s noćnim tramvajima poput sova. Nužnik je zelen od buđi, s mahovinom i stalaktitima, i zimskom maglom kao nad močvarama. Mislim da ljudska narav zavisi i od nužnika u koji smo prinuđeni da se zaključavamo svakog dana. Vratiš se kući s posla i zatekneš nužnik zelen od buđi, močvaran: onda razbiješ tanjir graška u hodniku i zatvoriš se u sobu vrišteći.

Nije jasno ono što sam rekao, nije baš onako kako sam mislio, Ada Ida sigurno neće razumeti, ali da bi se moje misli pretočile u izgovorene reči, one moraju da prođu kroz jedan prazan međuprostor odakle izlaze iskrivljene.

– Ja svakog dana čistim klozet više nego čitavu kuću – kaže ona – perem pod; glancam svaku stvar. Na prozor svake nedelje stavljam čistu zavesicu, belu, s vezom, a svake godine krečim. Kad bih jednog dana morala da prestanem da ga čistim, mislim da bi to bio loš znak i da bih vrlo brzo pala u duboko očajanje. Moj nužnik je mali i mračan, ali ga održavam kao da je crkva. Ko zna kakav nužnik ima vlasnik Fijata. Hajde, isprati me malo, do tramvaja.

Kod Ade Ide je divno što prihvata sve što kažeš, ne čudi se ničemu, svaki razgovor koji pokreneš ona nastavlja kao da ga je sama započela. I hoće da je otpratiš do tramvaja.

– Dobro, otpratiću te – kažem. – Elem, vlasnik Fijata je naručio da mu nužnik naprave kao salon sa stubovima i draperijama i tepisima, i s akvarijumima ugrađenim u zidove. I velikim ogledalima svuda unaokolo koja hiljadu puta odražavaju njegov lik. A šolja je bila s ruko-hvatima i naslonom, visoka poput prestola; i baldahin je imala. Lanac za puštanje vode pokretao je najumilniju muziku. Ali vlasnik Fijata nije mogao da vrši nuždu. Bilo mu je neprijatno usred svih tih tepiha i akvarijuma. Ogromna ogledala odražavala su hiljadu puta njegov lik dok je sedeo na šolji visokoj kao kakav presto. I vlasnik Fijata je žalio za nužnikom iz svog detinjstva, s piljevi-nom na podu i komadićima novinske hartije nanizanim na ekser. I tako je umro: zbog infekcije creva pošto me-secima nije vršio nuždu.

— I tako je umro — slaže se Ada Ida. — Baš tako je um-ro. Znaš li još sličnih priča? Evo mog tramvaja. Popni se sa mnom u tramvaj i ispričaj mi još neku.

— U tramvaj i onda, gde još?

— U tramvaj. Nije ti teško?

Ušli smo u tramvaj. — Ne mogu da ti pričam nikakve priče — kažem — zbog međuprostora. Između mene i svih ostalih nalazi se prazan ponor. Mašem rukama po njemu ali ne hvatam ništa, vičem ali me niko ne čuje: praznina je potpuna.

— U tom slučaju ja pevam — kaže Ada Ida — pevam u sebi. Kad u nekom trenutku razgovora shvatim da više ne znam kako da ga nastavim, kao da sam stigla do oba-le neke reke, da misli beže ne bi li se sakrile, počnem da pevam u sebi poslednje reči koje sam rekla ili čula, na bilo koju melodiju. A ostale reči koje mi padnu na pa-met, uvek na istu melodiju, reči su mojih misli. I onda ih izgovorim.

— Pokaži mi.

— I onda ih izgovorim. Kao jednom kad mi je neki tip prišao na ulici misleći da sam od onih.

— Ali ti ne pevaš.

— Pevam u sebi, onda prevodim. Inače ne bi razu-meo. Isto kao tada, s tim čovekom. Na kraju sam mu is-pričala kako već tri godine nisam okusila bombone. Ku-pio mi je jednu kesicu. Onda stvarno više nisam znala šta da mu kažem. Promrmljala sam nešto i pobegla s kesicom.

– Ja, međutim, nikada neću uspeti ništa da kažem, pričajući – kažem – i zato pišem.

– Ugledaj se na prosjake – kaže mi Ada Ida, pokazujući jednog, na stanici.

Torino je pun prosjaka kao kakav sveti indijski grad. I prosjaci imaju svoju modu, u prošenju: počne jedan a onda ga svi podražavaju. Odnedavno mnogi prosjaci imaju običaj da na pločniku napišu svoju priču četvrtastim slovima, komadićima krede u boji: to nije loše, jer zagolica ljude da pročitaju a onda su obavezni i da udele neki dinar.

– Da – kažem – možda bi trebalo da i ja kredom ispišem svoju priču na pločniku pa da sednem pored nje i slušam šta ljudi govore. Tako ćemo se barem na kratko gledati u lice. A možda se niko neće ni osvrnuti i obrisaće je gazeći preko nje.

– Šta bi ti napisao, na pločniku, da si prosjak? – pita Ada Ida.

– Napisao bih, štampanim slovima: *ja sam od onih koji pišu jer ne mogu da pričaju; oprostite mi, građani. Jednom su neke novine objavile nešto što sam napisao. To su novine koje izlaze rano ujutru; kupuju ih pretežno radnici kad krenu na posao. Rano tog jutra ulazio sam u tramvaje i video kako ljudi čitaju ono što sam napisao, i gledao sam njihova lica pokušavajući da razaberem na kojem se redu zadržao njihov pogled. U svakom napisu postoji neki deo zbog kojeg se kasnije kajete, bilo zato što se plašite da će vas pogrešno razumeti ili zato što vas je sramota. I tog jutra sam u tramvajima pažljivo posmatrao lica ljudi sve dok ne bi stigli do tog dela, a onda sam želeo da im kažem: „Vidite, možda nisam bio najjasniji, u stvari sam mislio ovo, ali sam i dalje ćutao i crveneo.“*

Za to vreme smo sišli na nekoj stanici i Ada Ida čeka drugi tramvaj. Ja više ne znam koji tramvaj treba da hvatam i čekam sa njom.

– Ja bih napisala ovako – kaže Ada Ida – plavom i žutom kredom: *Gospodo, ima osoba koje smatraju da je najveće uživanje kad im se neko pomokri na glavu. D'Anuncio je bio jedan od njih, kažu. Ja verujem. Na to bi trebalo da mislite svakog dana, kao i da smo svi ista rasa, i da se manje pravite važni. I još ovo: mojoj se tetki rodio sin sa telom mačke. Trebalo bi da razmišljate o tome da se i takve stvari događaju, nemojte to nikada da zaboravite. I da u Torinu ima ljudi koji spavaju na pločnicima, na rešetkama iznad toplih podruma. Ja sam ih videla. O svemu tome bi trebalo da razmišljate, svake večeri, umesto što se molite. I da vam to bude na umu čitavog dana. Ne biste svakako bili toliko ukalupljeni i toliko licemerni.* Tako bih napisala. Isprati me i na ovaj tramvaj, budi dobar.

Opet sam uhvatio tramvaj s Adom Idom, ko zna zašto. Tramvaj je velikim delom svog puta prolazio kroz siromašne četvrti. Ljudi u tramvaju bili su sivi i smežurani, kao da su napravljeni od sušte prašine.

Ada Ida ne može da se uzdrži od primedbi, jače je od nje: A vidi onog čoveka kakav tik ima. A vidi onu staricu kako se napuderisala.

U meni je sve izazivalo sažaljenje i želeo sam da prestane. – Pa šta? Pa šta? – govorio sam. – Sve što je nepatvoreno je razumno. – Ali nisam bio sasvim ubeđen.

I ja sam nepatvoren i razuman, mislio sam, ja koji ne prihvatam, ja koji gradim kalupe, ja koji ću sve promeniti. Ali, da bi se sve promenilo treba poći upravo odatle, od čoveka s tikom, od starice s puderom, a ne od ukalupljenosti. I od Ade Ide koja i dalje ponavlja: – Otprati me do tamo.

– Stigli smo – kaže Ada Ida, i silazimo. – Otprati me do tamo, nije ti teško?

– Sve što je nepatvoreno je razumno, Ada Ida – kažem joj. – Da li treba da hvatamo još neki tramvaj?

– Ne, stanujem tamo, čim skreneš iza ćoška.

Bili smo na kraju grada. Gvozdeni zamkovi dizali su se iza zidova fabrika; vetar je vitlao pramenove dima na gromobranima dimnjaka. I bila je tu reka s obalama obraslim travom: Dora.

Sećao sam se jedne vetrovite noći, pre mnogo godina, na obalama Dore, kada sam šetao grickajući obraz jednoj devojci. Imala je dugu i veoma meku kosu koja mi je povremeno ulazila u usta.

– Jednom sam – kažem – grickao obraz jednoj devojci, ovde, na vetru. I pljuckao sam kosu. To je predivna priča.

– Evo – kaže Ada Ida – stigla sam.

– To je predivna priča – kažem – ali je predugačka.

– Ja sam stigla – kaže Ada Ida. – On mora da je već kod kuće.

– Ko on?

– Živim s jednim tipom koji radi u Rivu. Opsednut je pecanjem. Napunio mi je kuću strunama za udice, lažnim mamcima.

– Sve što je nepatvoreno je razumno – kažem. – Bila je to predivna priča. Reci mi koji tramvaj treba da hvatam na povratku.

– Dvadesetdvojku, sedamnaesticu, šesnaesticu – kaže. – Svake nedelje idemo na Sangone. Prekjuče, ovolika pastrmka.

– Pevaš li u sebi?

– Ne. Zašto?

– Pitam. Dvadesetdvojka, dvadesetsedmica, trinaestica?

– Dvadesetdvojka, sedamnaestica, šesnaestica. Ribu hoće sam da prži. Evo, osećam miris. To on prži.

– A ulje? Je l' vam dovoljno ono od tačkica? Dvadesetšestica, sedamnaestica, šesnaestica.

– Menjamo se s jednim prijateljem. Dvadesetdvojka, sedamnaestica.

– Dvadesetdvojka, sedamnaestica, jedanaestica?

– Ne: osmica, petnaestica, četrdesetjedinica.

– Tačno: uvek zaboravim. Sve je razumno. Zbogom, Ado Ido.

Kući stižem posle sat vremena putovanja kroz vetar, pošto sam prethodno pogrešio sve tramvaje i s tramvaj-džijama raspravljao o brojevima. Vraćam se i na hodniku zatičem grašak i krhotine tanjira, debela službenica se zaključala u svoju sobu i vrišti.

OČI NEPRIJATELJA

Pjetro je tog jutra išao ulicom, kad shvati da oseća neku nelagodnost. Osećao se tako već neko vreme, ali nije bio sasvim svestan toga: imao je utisak kao da mu je neko iza leđa, neko ko ga gleda, a koga on ne vidi. Naglo okrenu glavu; nalazio se u nekoj sporednoj ulici, sa živicom na kapijama i tarabama oblepljenim iscepanim plakatima. Gotovo da niko nije prolazio; Pjetra namah razljuti misao da se prepustio tom glupom porivu da se okrene; i produži dalje, rešen da se vrati svojim mislima tamo gde ih je prekinuo.

Bilo je jesenje jutro s malo sunca; u vazduhu se nije osećala neka posebna radost, ali ni teskoba. Pa ipak, i pored njegove volje, ona nelagodnost ga je i dalje pritiskala; povremeno mu se činilo da je oseća na potiljku, na ramenima, kao kakvo oko koje ga ne ispušta iz vida, kao da mu se približava neka pojava, za koju zna da je na neki način neprijateljska.

Da bi savladao uznemirenost, oseti potrebu da bude među ljudima: uputi se ka jednoj ulici gde je bila veća gužva, ali na uglu još jednom zastade i osvrnu se. Promače neki biciklista, jedna žena pređe ulicu, ali on nije mogao da otkrije nikakvu vezu između tih osoba, stvari oko sebe i nemira koji ga je nagrizao. Okrećući glavu, pogled mu se sreo s pogledom jednog prolaznika koji se upravo u tom trenu takođe osvrnuo, gledajući iza sebe. Istog časa skrenuše pogled jedan s drugog, kao da su obojica tražili nešto drugo. Pjetro pomisli: „Možda je onaj čovek imao utisak da ga ja gledam. Možda nisam jedini koji jutros primećuje kod sebe tu neprijatnu prenaglašenu osetljivost; možda je naša uznemirenost posledica vremena, ovog dana".

Nalazio se u jednoj prometnoj ulici, i s tom mišlju u glavi posmatrao je ljude i primećivao neke njihove trzajeve, sasvim neprimetne, ruke koje se razdražljivo dižu gotovo do lica, čela koja se mršte kao da su obuzeta nekom neočekivanom brigom ili mučnim sećanjem. „Kakav dan! – ponavljao je Pjetro u sebi – kakav dan!" i dok je lupkao nogom na tramvajskoj stanici primetio je da i ostali koji čekaju s njim takođe lupkaju nogom, po ko zna koji put čitaju vozni red tramvajskih linija kao da traže nešto što nije napisano.

U tramvaju, kondukter je grešio dok je vraćao kusur i ljutio se; tramvajdžija je s ogorčenom upornošću neprestano zvonio pešacima i biciklistima; a putnici su stiskali držače kao brodolomnici na moru.

Pjetro prepozna Korada, onako ogromnog, koji je sedeo i nije ga video; gledao je odsutno kroz prozor, i noktom kopao po obrazu.

– Korado! – pozva ga preko njegove glave.

Prijatelj se trgnu. – Ah, ti si! Nisam te video. Utonuo sam u misli.

– Nešto si uznemiren – reče Pjetro, i shvatajući da ne želi ništa drugo nego da u drugima prepozna svoje raspoloženje, dodade: – I ja sam danas prilično uznemiren.

– A ko nije? – na to će Korado, i na njegovom širokom licu pojavi se onaj strpljiv i zajedljiv osmeh koji je svakog mogao da ubedi da ga sluša i da mu veruje.

– Znaš kakav utisak imam? – reče Pjetro. – Da me neprekidno posmatraju neke oči.

– Kakve oči?

– Oči nekoga poznatog, ali koga se ne sećam. Hladne, neprijateljske oči...

– Oči koje te gotovo ne primećuju, ali o kojima ti jednostavno moraš da vodiš računa?

– Da... Oči kao...

– Kao Nemci? – reče Korado.

– Da, kao oči Nemca.

– Eh, ništa čudno – reče Korado i otvori novine koje je držao u ruci – pored ovakvih vesti... – Pokaza naslove: Keselring amnestiran... Zborovi esesovaca... Američka finansijska podrška neonacizmu... – Evo, opet ih osećamo na sebi...

– Ah, to... Misliš da je to... A zašto tek sada?... Keselring, esesovci postojali su i ranije, i pre godinu dana, pre dve godine... Možda su tad još bili u zatvoru, ali mi smo znali da postoje, nikada ih nismo zaboravili...

– Pogled – reče Korado. – Kazao si mi da osećaš kao neki pogled. Oni do sada nisu imali taj pogled: još su hodali pognute glave, i mi smo se odvikli... Već su postali bivši neprijatelji, mrzeli smo ono su oni bili, ne njih sada. Ali sad ponovo imaju onaj pogled od ranije... onaj pogled koji smo pre osam godina imali pred sobom... Mi ga se sećamo, ponovo ga osećamo na sebi...

Pjetro i Korado su imali mnogo zajedničkih uspomena iz tih vremena. Uopšte uzev, to nisu bila vesela sećanja.

Pjetrov brat umro je u jednom *lageru*. Pjetro je živeo s majkom, u njihovoj staroj kući. Vratio se predveče. Kapija je zacvilila dobro poznatim zvukom, šljunak je pod nogama škriputao kao u vreme kada se obraćala pažnja na šum svakog koraka.

Kuda je u tom trenutku išao Nemac koji je došao one večeri? Možda je prelazio preko nekog mosta, hodao duž kanala, pored reda niskih osvetljenih kuća, tamo u Nemačkoj prepunoj uglja i ruševina; bio je u civilu, crni kaput zakopčan do grla, zeleni šešir, naočare, i gledao je, gledao je njega, Pjetra.

Otvori vrata. – Ti si! – reče majčin glas. – Oh, napokon!

– Znala si da ću se vratiti u ovo vreme – reče Pjetro.

– Da, ali jedva sam čekala – reče – čitav dan sam kao ustreptala... Ne znam zašto... Te vesti... Ti generali koji opet komanduju... govore da su oni bili u pravu...

— I ti! – na to će Pjetro. – Znaš šta kaže Korado? Da svi osećamo poglede tih Nemaca na sebi ... Zbog toga smo uznemireni... – i nasmeja se, kao da je tako nešto mislio samo Korado.

Ali njegova majka je rukom prelazila preko lica. – Kaži mi, Pjetro, hoće li biti rata? Hoće li se vratiti?

„Evo – pomisli Pjetro – koliko do juče, svaki put kad bismo čuli da se govori o opasnosti od novog rata, nismo mogli da zamisimo ništa određeno, jer stari rat je imao njihovo lice, a ovaj novi, ko zna kakav će biti. Ali sada znamo: rat je pronašao svoje lice: i ono je opet njihovo."

Posle večere Pjetro izađe; padala je kiša.

– Reci mi, Pjetro – upita majka.

– Šta?

– Izlaziti po ovom vremenu...

– I onda?

– Ništa... Nemoj kasno da se vratiš...

– Nisam više mali, mama...

– Da... Zbogom...

Majka zatvori vrata, sačeka da čuje korake na šljunku, zatvaranje kapije. Slušala je rominjanje kiše. Nemačka je bila daleko, negde iza Alpa. Možda je i tamo padala kiša. Keselring je vozio kola štrcajući blato; esesovac koji je odveo njenog sina išao je na sastanak, u uglancanom crnom kišnom mantilu, onom starom vojničkom kaputu. Te noći je svakako bilo glupo brinuti; pa i sutradan uveče; možda i za godinu dana. Ali nije znala do kada će moći da ne brine; i za vreme rata bilo je večeri kada nisu morali da brinu, ali onda su već brinuli zbog naredne večeri.

Bila je sama, napolju se čuo šum kiše. Kroz Evropu zastrtu kišom, pogledi starih neprijatelja sekli su noć, pravo do nje.

„Ja vidim njihove oči – pomisli majka – ali će i oni videti naše." I ostade da stoji nepomična, gledajući netremice u mrak.

GENERAL U BIBLIOTECI

U Panduriji, slavnom plemenu, rodi se jednog dana sumnja u glavama visokih oficira: da knjige sadrže gledišta koja predstavljaju pretnju vojnom ugledu. I zaista, suđenja i istrage lepo su pokazali da je to sad već uvreženo mišljenje da su generali eto ljudi koji čak mogu i da pogreše i da naprave štetu, a ratovi nešto što je povremeno sasvim drugačije od blistavih povorki koje jezde u susret veličanstvenoj budućnosti, bilo prisutno u velikom broju knjiga, savremenih i starostavnih, pandurskih i tuđinskih.

Generalštab zemlje Pandurije hitno se okupi kako bi sagledao situaciju. Ali nisu znali odakle da krenu, jer se niko od njih nije mnogo razumeo u bibliografska pitanja. Stoga odrediše istražnu komisiju, pod komandom generala Fedine, strogog i savesnog oficira. Komisija će pregledati sve knjige iz najveće biblioteke u Panduriji.

Biblioteka je bila smeštena u staroj palati punoj stepeništa i stubova, s oljuštenim zidovima, mestimično oronuloj. Njene ledene sale bile su zatrpane knjigama, dupke pune, delom nepristupačne; samo je pacovima bio dostupan svaki ćošak. Budžet Pandurske države, opterećen strahovitim vojnim troškovima, nije mogao da obezbedi nikakvu pomoć.

Vojnici zaposedoše biblioteku jednog kišnog novembarskog jutra. General je sjahao s konja, nizak i zdepast, ispršen, ogromne obrijane glave, i namrštenih obrva iznad *cvikera*; iz jednog automobila izašla su četvorica poručnika, dugonja, uzdignute brade i spuštenih kapaka, svaki sa svojim svežnjem u ruci. Zatim je stigao i odred vojnika koji se ulogorio u starom dvorištu, sa mazgama, balama sena, šatorima, kuhinjom, poljskim radijom i zastavama jarkih boja.

Na ulaz su postavili stražare, i tablu koja je obaveštavala da je zabranjen pristup „zbog održavanja velikih manevara, sve do završetka istih". To je bio trik da bi istraga mogla da se sprovede u najvećoj tajnosti. Učevni ljudi koji su imali običaj da svakog jutra dolaze u biblioteku, umotani u kapute, s šalovima i zimskim kapama da se ne bi posmrzavali, morali su da se vrate natrag. U nedoumici su se pitali: – Kako to, veliki manevri u biblioteci? Neće valjda čitavu da je ispretumbaju? A konjica? Zar će još i da pucaju?

Od osoblja biblioteke ostao je samo starčić, gospodin Krispino, koga su zaposlili da oficirima objasni kako su knjige raspoređene. Bio je to oniži čovečuljak, ćelave jajaste glave, s očima poput glavica čioda iza naočara sa zaušnjacima.

General Fedina se najpre pobrinuo o organizaciji logistike, jer je imao naređenje da komisija ne napušta biblioteku dok ne okonča istragu; bio je to posao koji je zahtevao nepomućenu budnost, i ništa drugo nije smelo da im odvlači pažnju. Stoga su se snabdeli namirnicama, doneli nekoliko peći za grejanje kasarni, zalihu drva kojoj su kasnije pridodali i nekoliko zbirki starih časopisa, ocenjenih kao nezanimljive. U biblioteci nikada nije bilo toplije u to godišnje doba. Na bezbednim mestima, okruženi mišolovkama, smešteni su poljski kreveti gde će spavati general i njegovi oficiri.

Potom se pristupilo podeli zadataka. Svaki poručnik dobio je određene grane tog svekolikog znanja, određene vekove ljudske istorije. General će nadgledati razvrstavanje knjiga i udarati na njih različite pečate u zavisnosti od toga da li je knjiga proglašena prikladnom za oficire, podoficire, vojsku, ili se mora prijaviti Vojnom sudu.

I komisija otpoče svoj rad. Svake večeri poljski radio je prenosio vrhovnoj komandi izveštaj generala Fedine. „Pregledano toliko i toliko knjiga. Zadržano kao sumnjivo toliko i toliko. Proglašeno prikladnim za oficire i vojsku toliko i toliko." Samo je povremeno te hladne cifre pratilo i neko vanredno saopštenje: potraživanje jednog para naočara za blizinu za poručnika koji je svoje polomio, obaveštenje da je mazga pojela veoma redak Ciceronov zakonik ostavljen bez nadzora.

Međutim, događalo se tu nešto mnogo značajnije: nešto što poljski radio nije prenosio. Umesto da se proredi, šuma knjiga kao da je postajala sve neprohodnija i opasnija. Da nije bilo gospodina Krispina, oficiri bi se načisto izgubili. Na primer, poručnik Abrogati bi iznenada skočio i bacio na sto knjigu koju je čitao: – Nečuveno! Knjiga o Punskim ratovima koja govori pohvalno o Kartaginjanima, a kudi Rimljane! Treba je odmah prijaviti! – (Ne treba zaboraviti da su se, s pravom ili ne, žitelji Panduije smatrali potomcima Rimljana.) Svojim nečujnim korakom u plišanim papučama, prilazio mu je stari bibliotekar. – Nije to ništa – rekao bi – pročitajte ovde, opet o Rimljanima, šta je napisano, i to ćete moći da stavite u zapisnik, i ovo, i ovo – i donosio mu gomilu knjiga. Poručnik ih ih je najpre razdražljivo listao, a onda bi stao pažljivo da ih čita, pravi beleške. I češkao se po glavi, mrmljajući: – Auh! Šta sve čovek ne nauči! Ko bi rekao! Gospodin Krispino je potom prilazio poručniku Luketiju koji je besno zatvorio jednu knjigu, rekavši: – Lepo, bogami! Ovde imaju petlju da posumnjaju u čistotu ideala krstaških ratova! Da, gospodine, krstaških ratova! – A gospodin Krispino, smeškajući se: – Ah, čekajte, ako treba da napravite zapisnik o toj temi, mogu vam preporučiti još nekoliko knjiga, gde ćete naći više detalja – i skidao mu je pola police. Poručnik Luketi se onda šunjao po biblioteci spuštene glave, i nedelju dana čulo se samo kako lista i mrmlja: – Vidi, vidi, lepa rabota, ti Krstaški ratovi!

43

U večernjem izveštaju komisije, broj pregledanih knjiga bio je sve veći, ali se više nije mogao čuti nijedan podatak o pozitivnim ili negativnim presudama. Pečati generala Fedine bili su besposleni. Ako bi se dogodilo da pita nekog od poručnika, u nastojanju da nadgleda njihov rad: – Kako to da ste ostavili ovaj roman? Vojska se prikazuje u lepšem svetlu nego oficiri! Taj pisac ne poštuje hijerarhijski red! – poručnik bi mu odgovorio iznoseći navode drugih pisaca i upuštajući se u istorijska, filosofska i ekonomska obrazlaganja. Iz toga su se rađale opšte rasprave koje su trajale satima. Nečujan u svojim papučama, bezmalo neprimetan u svom sivom mantilu, gospodin Krispino bi se uvek uključio u pravom trenutku, s knjigom koja po njegovom mišljenju obiluje zanimljivim detaljima o datoj temi, i koja bi na kraju uvek dovela u pitanje uverenja generala Fedine.

Za to vreme, vojnici nisu imali mnogo posla i dosađivali su se. Jedan od njih, Barabaso, sa najviše škole, zamoli oficira da mu da neku knjigu da čita. U prvi mah hteli su da mu daju jednu od onih nekoliko koje su već bile odobrene za vojsku; ali pri pomisli na hiljade knjiga koje su čekale da budu pregledane, generalu nije bilo pravo da čitalački sati vojnika Barabasa budu protraćeni na takav način; i dade mu jednu knjigu koju je tek trebalo pregledati, neki roman koji mu se činio lak, po savetu gospodina Krispina. Pošto bude pročitao knjigu, Barabaso je imao da izvesti generala o njenoj sadržini. I ostali vojnici zatražiše i dobiše isti zadatak. Redov Tomazone čitao je naglas svom nepismenom drugu, a ovaj je iznosio svoje mišljenje. U opštim raspravama počeše da učestvuju i obični vojnici.

O daljem radu komisije ne zna se mnogo: ono što se zbivalo u biblioteci za vreme dugih zimskih nedelja nije se nikako pominjalo. Činjenica je su radijski izveštaji generala Fedine sve ređe stizali u Generalštab Pandurije, sve dok nisu potpuno utihnuli. Vrhovna komanda se zabrinu; naredi da se istraga što pre okonča i da se podnese iscrpan izveštaj.

Naređenje je stiglo u biblioteku u trenutku kada su Fedinu i njegove ljude razdirala oprečna osećanja: s jedne strane, iz časa u čas su otkrivali u sebi neku novu znatiželju koju je trebalo zadovoljiti, počeli su da uživaju u tim čitanjima i učenju kao što nikad ranije ne bi ni pomislili; s druge strane, jedva su čekali da se vrate među ljude, da se vrate u onaj život koji je sada u njihovim očima izgledao mnogo složeniji, gotovo lepši; osim toga, bližio se dan kada je trebalo da napuste biblioteku i to ih je ispunjavalo strepnjom, jer su morali da podnesu izveštaj o svojoj misiji, a sa svim onim idejama koje su im se motale po glavi, više nisu znali kako da se spasu nevolje.

S večeri su kroz prozore posmatrali prve pupoljke na granama ozarene smirajem, i svetla grada kako se pale, dok bi jedan od njih naglas čitao stihove nekog pesnika. Fedina nije bio s njima: naredio je da ga ostave samog za stolom, jer je morao da napiše završni izveštaj. Ali s vremena na vreme čula se zvonjava zvona i njegov glas kako doziva: – Krispino! Krispino! – Nije mogao da radi bez pomoći starog bibliotekara, te na kraju sedoše za isti sto da zajedno pišu izveštaj.

Jednog lepog jutra, komisija najzad napusti biblioteku i javi se na raport vrhovnoj komandi; Fedina je pred okupljenim Generalštabom izneo rezultate istrage. Njegov govor je bio svojevrstan sažetak istorije čovečanstva od postanja pa do današnjih dana, s jednim kritičkim osvrtom na sve, ako se nazadnjaci Pandurije pitaju, najneospornije ideje: vlasti su optužene da su odgovorne za sve nesreće što su zadesile domovinu, narod je slavljen kao herojska žrtva pogrešnih ratova i politike. Bilo je to pomalo nevešto izlaganje, sa tvrdnjama koje su često bile površne i protivrečne, kao što se neretko dešava novopečenim zagovornicima neke ideje. Ali što se tiče suštine, nije moglo biti nikakve sumnje. Skup generala Pandurije zaneme, razrogači oči, povrati glas, zaurla. General nije mogao ni da završi svoje izlaganje. Bilo je govora o oduzimanju čina, o suđenju. Ali strahujući od još većih skandala, na kraju su generala i četiri poručnika poslali u prevremenu penziju zbog zdravstvenih razloga, povod „težak slom nerava kao posledica službe". Viđali su ih često u civilu kako umotani u kapute i natrontani da se ne bi posmrzavali, ulaze u staru biblioteku gde ih je čekao gospodin Krispino sa svojim knjigama.

PLEME KOJE GLEDA U NEBO

Noći su lepe, a letnje nebo je ispresecano raketama. Naše pleme živi u kolibama od slame i blata. U suton, pošto se vratimo s berbe kokosovih oraha, umorni, smestimo se na pragove, neko sedeći na petama, neko na prostirci, okruženi decom okruglastih trbuha poput lopte kojom se igraju, i posmatramo nebo. Odavno su, možda oduvek, oči našeg plemena, ove naše jadne oči upaljene od trahoma, uperene u nebo: ali naročito od kada zvezdanim svodom iznad našeg sela prolaze nova nebeska tela: mlazni avioni s beličastom brazdom, leteći diskovi, raketni projektili, a sad i ove teledirigovane atomske rakete, visoko na nebu, tako brze da se čak više ne mogu ni videti ni čuti, samo se u svetlucanju Južnog krsta, ako dobro obratite pažnju, može uhvatiti kao neki drhtaj, jecaj i tad oni najiskusniji kažu: „Evo, prošla je raketa brzinom od dvadesethiljada kilometara na sat; nešto sporija, ako ne grešim, od one koja je prošla u četvrtak".

Dakle, od kada se na nebu pojavila ta raketa, mnoge od nas obuzelo je neko čudno ushićenje. Naime, nekoliko seoskih vračeva je, onako izokola, dalo naslutiti da je taj meteorit, pošto dolazi s druge strane Kilimandžara, u stvari znamen koji je nagovestilo Veliko Predskazanje, što znači da se čas koji su nam Bogovi obećavali bliži, i nakon vekova ropstva i bede naše će pleme vladati čitavom dolinom Velike Reke, a neuzorana savana davaće sirak i kukuruz. Dakle – čini se da ti vračevi poručuju – ne trudite se da smišljate kako ćemo izaći iz ove

47

situacije; uzdajmo se u Veliko Predskazanje, okupimo se oko njegovih jedinih pravih tumača, i ne tražimo više.

Međutim, treba reći da smo mi, iako tek siromašno pleme berača kokosovih oraha, veoma dobro obavešteni o svemu što se događa: znamo šta je atomska raketa, kako radi, koliko košta; znamo da neće samo gradovi belih sahiba biti požnjeveni kao polja sirka, već da će za ono kratko vreme dok ih zaista budu ispaljivali, čitava zemljina kora odumreti, ispucati i pretvoriti se u sunđerastu masu, poput kakvog termitnjaka. Da je raketa đavolsko oružje, niko ne zaboravlja, pa ni oni vračevi; štaviše, u skladu s učenjem Bogova, i dalje je zasipaju kletvama. Pa ipak, to ne smeta da se ona posmatra i u smislu nečeg dobrog, kao meteorit predskazanja; ne lupajući možda previše glavu oko toga, već jednostavno ostavljajući odškrinuta vrata i za tu mogućnost, između ostalog i zato da bi tuda izašle i sve ostale brige.

Nevolja je u tome – videli smo već nekoliko puta – što nedugo posle pojavljivanja neke nepodobe na nebu iznad našeg sela, koja po predskazanju dolazi s one strane Kilimandžara, evo još jedne iz suprotnog pravca, još strašnije, gde šiba kao besna da bi nestala tamo negde iza visova Kilimandžara: zlokoban znak, dakle, a nada u dolazak Velikog Časa polako se gasi. I tako, dok se u nama smenjuju različita osećanja, pažljivo osmatramo nebo na kojem je sve više oružja i koje postaje sve smrtonosnije, isto kao što smo nekada čitali sudbinu iz spokojnog hoda nebeskih tela ili lutajućih kometa.

U našem plemenu više se ni o čemu ne govori osim o teledirigovanim raketama, dok smo mi i dalje naoružani običnim sekirama kopljima duvaljkama. Zašto da brinemo zbog toga? Poslednje smo selo na rubu džungle. Ovde, kod nas, ništa se neće promeniti pre nego što otkuca Veliki Čas o kojem propovedaju proroci.

Pa ipak, ni ovde više nije isto kao u ono doba kada su s vremena na vreme beli trgovci u pirogama svraćali da pazare kokosove orahe, i ponekad su oni nama zakidali na ceni, a ponekad smo i mi njih ostavljali kratkih rukava; sada je tu „Kokobelo Korporacija" koja u jednom mahu otkupljuje čitavu berbu i nameće cene, i mi moramo da beremo kokos mnogo brže, u grupama koje se danonoćno smenjuju, da bismo ostvarili proizvodnju predviđenu ugovorom.

Uprkos tome, neki od nas kažu da su vremena o kojima govori Veliko Predskazanje bliža nego ikada, i to ne zbog nebeskih predznaka nego zato što su čuda koja predviđaju Bogovi sad već postali tehnički problemi koje bismo samo mi mogli da rešimo, a ne „Kokobelo Korporacija". Naravno: lako je pričati! A ovamo čik da takneš „Kokobelo"! Izgleda da njihovi agenti, u svojim kancelarijama na dokovima Velike Reke, s nogama na stolu i čašom viskija u ruci, jedino strahuju da ova nova raketa nije veća od one druge, sve u svemu, ni oni ne pričaju ni o čemu drugom. U tome je veza između onoga što kažu oni i onoga što kažu vračevi: čitava naša sudbina leži u snazi nebeskih meteorita!

I ja sedim na pragu kolibe i posmatram kako se pojavljuju i nestaju zvezde i rakete, razmišljam o eksplozijama koje truju ribe u moru, i o svim onim naklonima koje između dve eksplozije razmenjuju oni koji o eksplozijama odlučuju. Želeo bih da razumem više: u tim znacima se naravno ogleda Božija volja, oni u sebi nose propast ili uspeh našeg plemena... Međutim, u jedno sam sasvim siguran i niko me neće razuveriti: pleme koje se prepusti samo i jedino volji nebeskih meteorita, ma koliko mu dobro išlo, uvek će svoje kokosove orahe prodavati ispod cene.

NOĆNI MONOLOG
JEDNOG ŠKOTSKOG PLEMIĆA

Sveća uporno preti da se ugasi zbog daška vetra koji dopire s prozora. Ali ja ne mogu dozvoliti da mrak i san zavladaju odajom, a prozor moram držati otvoren da bih imao na oku vresište koje je ove noći bez mesečine tek beskrajno prostranstvo senki. Ni traga od svetlosti baklji ili fenjera, na barem dve milje odavde, to je izvesno, i ne čuje se nijedan drugi zvuk osim glasanja tetreba i koraka stražara duž bedema našeg zamka. Noć kao svaka druga, ali bi napad Mek Dikinsonovih mogao da nas zatekne pre svitanja. Ovu noć moram provesti u bdenju, razmišljajući o našem položaju. Maločas se kod mene popeo Dugald, najstariji i najverniji među mojim ljudima, i izložio mi svoju moralnu nedoumicu: on je član Biskupske crkve, kao i većina seljana iz tog kraja, i njegov biskup je naložio svim vernicima da se stave na stranu porodice Mek Dikinson, zabranivši im da se bore za bilo koji drugi klan. Mi, Mek Fergusonovi, pripadamo Prezbiterijanskoj crkvi, ali zbog trpeljivosti po kojoj smo oduvek bili poznati, među svojim ljudima ne potežemo pitanje vere. Odgovorio sam Dugaldu da mu ostavljam svu slobodu da postupi prema svojoj savesti i svojoj veri, ali nisam mogao a da ga ne podsetim koliko on i njegovi duguju našoj porodici. Gledao sam tog okorelog ratnika kako se udaljava dok su mu sa sedih brkova kapale suze. Još ne znam šta je odlučio. Nema svrhe da zatvaramo oči: vekovni spor između naše porodice Mek Ferguson i klana Mek Dikinsonovih upravo se pretvara u verski rat.

Još od najdavnijih vremena klanovi na visoravni sravnjuju međusobne račune u skladu sa starim dobrim škotskim običajima: kad god smo u prilici, svetimo se za ubistvo svojih rođaka tako što ubijamo članove suparničkih porodica i svi nastojimo da jedni drugima zauzmemo ili opustošimo zemlju i zamkove, ali je ovaj deo Škotske sve do sada bio pošteđen surovosti verskih ratova. Jeste, naravno, svi znamo da je Biskupska crkva uvek otvoreno podržavala porodicu Mek Dikinson, i ako danas Mek Dikinsonovi svojim pljačkama pustoše ove uboge posede na visoravni više od ledenog grada, to treba da zahvalimo činjenici da je biskupsko sveštenstvo ovde oduvek vedrilo i oblačilo. Ali, dogod su najveći neprijatelji Mek Dikinsonovih i Biskupije bili Mek Konolijevi, sledbenici pogubne metodističke sekte koji smatraju da seljacima koji ne plaćaju zakup treba oprostiti i da, po tom istom principu, treba na kraju podeliti zemlju i dobra siromašnima, svi smo mi, klanovi koji su bili neprijatelji Mek Dikinsonovih, radije izabrali da zažmurimo na jedno oko. Sa svih prezbiterijanskih propovedaonica, sveštenici su u svojim službama pretili paklom Mek Konolijevima i svima koji bi primili njihovo oružje u ruke ili čak samo služili njihovu lozu, a mi smo ih, mi Mek Fergusonovi, ili Mek Stjuartovi, ili Mek Bartonovi, dobre prezbiterijanske porodice, puštali da to čine. Naravno, Mek Konolijevi su snosili svoj deo odgovornosti za ovakvo stanje. Zar nisu baš oni, u vreme kada je njihov klan bio mnogo moćniji nego sada, priznali biskupskom sveštenstvu staru privilegiju desetka sa naših poseda? Zašto su to učinili? Zato što – rekoše oni – po njihovoj veri, nisu to važne stvari (formalnost ili nešto više) već neke druge, suštinske; ili zašto su – rekosmo mi – mislili da su đavolski prepredeni, ti prokleti metodisti, i da sve žive mogu da namagarče. Činjenica je da im se vratilo, i to vrlo brzo. Mi, sa svoje strane, svakako ne možemo da se bunimo. Tada smo bili u savezu sa Mek Dikinsonovima, brinuli smo kako da učvrstimo moć njihovog klana, jer su oni jedini mogli da se nose sa Mek Konolijevima i njihovim ozloglašenim zamislima o dažbinama od zobi. I kada bismo nasred trga u selu videli nekog Mek Konolija s omčom oko vrata koju su mu stavile pristalice Biskupske crkve, kao kakvom đavoljem sluzi, ne bismo skrenuli svoje konje ka njemu jer to nisu bila naša posla.

Sada kad Mek Dikinsonovi ljudi vršljaju u svakom selu i svakoj krčmi, bahato i nasilno, i niko više ne može da se kreće glavnim drumovima Škotske ako na kiltu nema pruge njihove boje, evo gde Biskupska crkva počinje da baca prokletstva na nas, porodice poštene prezbiterijanske vere, i da protiv nas diže naše seljake, pa čak i kuvarice. Zna se šta hoće: da se po mogućnosti udruže s klanovima Mekdufovih ili Mek Kokburnovih, starim pristalicama kralja Džejmsa Stjuarta, papistima ili tako nešto, izvlačeći ih iz njihovih zamkova u planinama, gde žive među kozama, bezmalo poput razbojnika.

Da li će to biti verski rat? Ali nema nikoga, čak ni među najvećim biskupskim bogomoljcima, ko veruje da boriti se za one izelice Mek Dikinsonove, koji i nedeljom ispijaju pinte piva, znači isto što i boriti se za veru. Kako to onda objašnjavaju? Možda misle da je sve deo Božijeg nauma, kao ropstvo u Egiptu. Međutim, od naraštaja Isakovog nije traženo da se bori za Faraone, mada je Bog hteo da oni pod njima toliko dugo pate! Ako bude verskog rata, mi, Mek Fergusonovi, prihvatićemo ga kao iskušenje čija je svrha da osnaži našu veru. Ali znamo da vernike pravedne Škotske crkve na ovoj obali čini jedna odabrana manjina, i Bog bi ih – daleko bilo! – mogao izabrati za mučeništvo. Ponovo se hvatam za Bibliju, koju sam proteklih meseci zbog čestih upada neprijatelja malo zanemario, i prelistavam je na svetlosti sveće, ne ispuštajući iz vida vresište kojim se sada razleže šuštanje vetra, kao uvek pred zoru. Ne, ne snalazim se u svemu ovome; ako se Bog umeša u naše škotske stvari koje se tiču samo naših porodica – a u slučaju verskog rata, svakako će morati da se pobrine za to – ko zna šta će se dogoditi; svako od nas ima svoje interese i svoje grehe, Mek Dikinsonovi više od svih, a Biblija nam govori da Bog uvek teži nekom drugačijem cilju od onog koji ljudi očekuju.

Možda je upravo to bio naš greh, to što smo uvek odbijali da naše ratove smatramo verskim ratovima, zavaravajući se da tako možemo lakše da se dogovorimo oko ustupaka i nagodbi onda kad nam je to odgovaralo. Duh nagodbe je suviše prisutan u ovom delu Škotske, nema klana koji se bori bez zadnjih namera. A to da li se naše bogoštovlje ispoveda preko starešinstva ove ili one crkve, ili u zajednici vernika, ili u najskrivenijem kutku naše svesti, nikada nas nije previše brinulo.

Evo, vidim u daljini, na kraju vresišta, kako se gomilaju baklje. Videli su ih i naši stražari: s vrha kule čujem sviralu iz koje se razleže poziv na uzbunu. Kako će proći bitka? Možda se svi upravo spremamo da okajemo svoje grehe: nismo imali dovoljno hrabrosti da budemo ono što jesmo. Istina je da u ovom delu Škotske, i pored svih nas prezbiterijanaca biskupskih sledbenika metodista, ne postoji niko ko veruje u Boga: niko, kažem, plemstvo ili sveštenstvo, zakupci ili sluge, ko zaista veruje u tog Boga čije ime stalno nosi na usnama. Evo, oblaci blede na istoku. Hej, vi, ustajte! Hitro, sedlajte mi konja!

JEDAN LEP MARTOVSKI DAN

Ono što mi najviše smeta u ovom čekanju – svi smo već tu, pod kolonadama Senata, svako na svom mestu, Metelo Čimbro s molbom koju treba da mu pruži, iza njega Kaska koji će mu zadati prvi udarac, dole, ispod Pompejeve statue, Brut, i već je gotovo peti čas, ne bi trebalo da zakasni – ono što mi najviše smeta nije ovaj hladan bodež skriven ispod toge, ili strepnja kako će sve proći, strepnja zbog nekog nepredviđenog događaja koji bi mogao da osujeti naše planove, nije ni strah da nas je neko potkazao niti neizvesnost onoga što dolazi posle: ne, već samo to što je lep martovski dan, praznčan dan nalik svim drugim praznčnim danima, i što ljudi šetaju, baš ih briga za republiku i za Cezarovu vlast, porodice idu na izlete van grada, mladi su na trkama kočija, devojke nose haljine koje poput olova, teške, padaju do zemlje, još jedan način da vešto istaknu obline. A mi ovde, između ovih stubova, zviždućemo, pretvaramo se da ne-usiljeno razgovaramo, a meni se čini da izgledamo sumnjivije no ikada; ali kome bi uopšte palo na pamet? Svi koji prolaze pored nas daleko su hiljadama milja od pomisli na ovakve stvari, dan je lep, sve je mirno.

Kada se, pošto izvučemo bodeže, budemo bacili na uzurpatora republikanskih sloboda, naši pokreti moraju biti brzi poput munje, odsečni i u isto vreme žestoki. Da li ćemo uspeti? Ovih dana je sve krenulo nekim usporenim tokom, sve je tako razvučeno, neodređeno, klonulo, Senat koji se svakim danom pomalo odriče svojih priznatih prava, Cezar koji se ponaša kao da će svakog trena staviti krunu na glavu ali ne žuri, odlučujući čas koji samo što nije kucnuo a zapravo se stalno odlaže, još jedna nada ili još jedna pretnja. Svi su zaglibljeni u ovom blatu, pa i mi: zašto smo čekali Ide da bismo ostvarili naš plan? Zar nismo mogli da ga sprovedemo u delo još na martovske Kalende? A kad smo već stigli dovde, što ne bismo sačekali aprilske Kalende? Oh, ne, nismo tako zamišljali borbu protiv tiranina, mi, mladež vaspitana na republikanskim vrlinama: sećam se onih večeri s nekolicinom njih koji se sada nalaze ovde ispod ovih kolonada, zajedno sa mnom, Trebonije, Ligarije, Decio, kada smo učili, i čitali pripovedi o Grcima, i u sebi videli one koji će svoj grad osloboditi od tiranije: i tako, bili su to snovi o napetim, dramatičnim danima, pod blistavim nebom, o pokrenutim nemirima, o smrtonosnim borbama, ili ovamo ili tamo, ili za slobodu ili za tiranina; a mi, heroji, imali bismo uza sebe narod, da nas podržava i da nas, posle kratkih i munjevitih bitaka, pozdravi kao pobednike. Ali ništa od toga: u krajnjem slučaju, budući istoričari će kao i uvek pripovedati o ko zna kakvim predznacima na olujnom nebu ili u ptičijim utrobama; ali mi znamo da je ovaj mart blag, sa tek povremenim provalama oblaka, preksinoć je bilo malo vetra koji je podigao nekoliko slamnatih krovova u predgrađu. Ko bi rekao da ćemo ovog jutra mi ubiti Cezara (ili Cezar nas, daleko bilo)? Ko bi poverovao da će se istorija Rima promeniti (na bolje ili na gore, prelomiće bodež) jednog ovako lenjog dana?

Strepim samo da ćemo i mi, kad jednom bodežima nasrnemo na Cezarove grudi, početi da odugovlačimo, da odmeravamo razloge za i protiv, da čekamo šta će on na to reći, da većamo oko toga šta za uzvrat predložiti, a da će se za to vreme oštrice bodeža oklembesiti i omlohaviti kao pseći jezici, da će početi da se tope kao zmije od putera na Cezarovim nadmenim grudima.

Ali zašto na kraju ta činjenica da smo ovde s namerom da učinimo ono što treba da učinimo i nama samima izgleda toliko neobično? Zar nismo čitavog života slušali da su slobode republike najsvetlija stvar na svetu? Zar nije čitav naš građanski život bio usmeren samo na to da se budno prate oni koji hoće da uzurpiraju vlast Senata i konzula? A sada kad se nalazimo na prekretnici, svi odreda, ti isti senatori, tribuni, pa i Pompejevi prijatelji, učene glave koje smo najdublje štovali, kao Marko Tulije, odjednom nešto razabiraju, slažu se, tačno je, Cezar krši republikansko uređenje, koristi silu veterana, baljezga o božanskim zvanjima koja mu navodno sleduju, ali je ipak čovek slavne prošlosti, i od njega niko nije umešniji da sklopi mir s varvarima, i da krizu republike može samo on da reši, jednom rečju, od tolikih zala Cezar je ipak najmanje. A što se naroda tiče, možete misliti, njima je Cezar dobar, ili ih u svakom slučaju baš briga, prvi je praznični dan kad lepo vreme na livade izmamljuje rimske porodice s korpama hrane, vazduh je pitom. Možda više nije vreme za nas, Kasijeve i Brutove prijatelje; verovali smo da ćemo ući u istoriju kao heroji slobode, zamišljali kako dižemo ruku u veličanstvenim pokretima, ali nijedan pokret više nije moguć, mišice će nam ostati skamenjene, ruke će se raširiti na pola puta u vazduhu u obazrivim, diplomatskih kretnjama. Sve se produžava više nego što treba: i Cezar kasni, nikome se jutros ništa ne radi, eto, to je istina. Nebo je tek neznatno prošarano tananim pahuljama oblaka, kao strele proleću prve lastavice, oko borova. Na uskim ulicama buka točkova koji udaraju o kaldrmu i škripe u krivinama.

Ali šta se to događa pred onim vratima? Kakva je to gužva? Evo, zaneo sam se u svojim razmišljanjima i Cezar je stigao! Eno Čimbra koji ga vuče za togu, a Kaska, Kaska već privlači sebi bodež crven od krvi, svi su na njemu, ah, eno Bruta, koji se dosad držao po strani kao da je utonuo u misli, i on se baca ka njemu, čini se da sad svi padaju niz stepenice, naravno, Cezar je pao, gomila me pritiska odozdo, evo, i ja dižem bodež, ubadam, a ispod mene se raskriljuje Rim sa svojim crvenim zidovima na martovskom suncu, drveće, kočije koje žurno prolaze ne sluteći ništa, i glas neke žene koja peva na prozoru, tabla koja najavljuje predstavu u areni, i dok izvlačim bodež obuzima me nešto poput vrtoglavice, neki osećaj praznine, osećaj da smo sami, ne ovde u Rimu, danas, već da ćemo ostati sami kasnije, u svim tim vekovima koji će doći, strah da neće razumeti ono što smo sada učinili, da neće znati da to ponove, da će ostati daleki i ravnodušni kao ovaj lep i bezbrižan martovski dan.

VELIKE RIBE, MALE RIBE

Zefirinov otac nikada nije nosio kupaći kostim. Uvek je išao u zavrnutim pantalonama i majici, s belom platnenom beretkom na glavi, i nije se odvajao od hridina. Gajio je strast prema prilepcima, pljosnatim školjkama pripijenim uza stene, koje zbog svog čvrstog oklopa izgledaju kao nerazdvojni deo kamena. Da bi ih odlepio, Zefirinov otac je koristio nož, i svake nedelje je svojim pomnim pogledom iza okvira naočara pažljivo pretraživao školje na rtu. To je trajalo sve dok se njegova korpica ne bi napunila prilepcima; neke bi pojeo odmah, čim bi ih odlepio od stene, usisavajući vlažno i oporo meso kao s kašike; druge je odlagao u korpu. S vremena na vreme podigao bi pogled, premerio glatku površinu mora i pozvao: – Zefirino! Gde si?

Zefirino je u vodi provodio čitava popodneva. Do rta su dolazili zajedno, otac bi ga tamo ostavio i iz istih stopa krenuo u potragu za svojim školjkama. Onako nepomični i neumoljivi, prilepci nisu nikako mogli da privuku Zefirinovu pažnju; njegovo zanimanje najpre je bilo usmereno na rakove, potom na hobotnice, meduze, a onda, malo-pomalo, i na sve vrste riba. Svakog leta njegov pohod na ribe bio je sve teži i domišljatiji: te sada nije bilo dečaka njegovih godina koji tako vešto barata podvodnom puškom kao on. U vodi se najbolje snalaze oni pomalo zdepasti tipovi, snažni i mišićavi; a Zefirino je bio baš tako građen. Na kopnu, dok je koračao pored oca držeći ga za ruku, izgledao je kao neki od onih do glave ošišanih dečaka s otvorenim ustima, koje stalno treba

58

podsticati ne bi li se pokrenuli; međutim, u vodi je uvek prednjačio; a pod vodom je bio još bolji.

Toga dana Zefirino je uspeo da sakupi svu opremu koja mu je bila potrebna za podvodni lov. Masku je još lani dobio na poklon od bake; rođaka koja je imala malu nogu pozajmila mu je peraja; pušku je bez pitanja uzeo iz stričeve kuće, dok je ocu rekao da su mu dopustili da se posluži. Uostalom, on je bio pažljivo dete koje je umelo da rukuje stvarima i da o njima vodi računa, te mu se mirne duše moglo posuditi bilo šta.

More je bilo čarobno, kao kristal. Na sve očeve savete Zefirino uzvrati: Da, tata – i ode u vodu. S tom staklenom njuškom i cevkom za disanje, sa nogama koje su završavale poput ribljih repova, opremljen tim oružjem, što je delom bilo koplje, delom puška a delom viljuška, nije više ličio na ljudsko biće. Ali čim bi se našao u moru, premda samo napola pod vodom, na prvi pogled bilo je jasno da je to on: po pljeskanju peraja, po načinu na koji mu je puška štrčala ispod miške, po tome kako je uporno nastojao da se kreće držeći glavu u ravni tela, na samoj površini vode.

Isprva je dno bilo šljunkovito, zatim prekriveno stenama, od kojih su neke bile gole i nagrizene, a neke zarasle u guste mrke alge. Iz svakog prevoja u steni, ili usred treperavog korenja koje je lebdelo na struji, mogla je nenadano iskrsnuti neka velika riba; iza stakla maske Zefirino je očima punim strepnje pažljivo posmatrao oko sebe.

Morsko dno je lepo prvi put, kada se tek otkrije: ali ono najlepše, kao i u svemu ostalom, dolazi kasnije, kada se dobro upozna, zamah po zamah. Čini nam se kao da ispijamo te morske krajolike: idemo sve dalje i dalje i mogli bismo tako u beskraj, da se nikada ne zaustavimo. Staklo maske je jedno ogromno oko koje guta senke i boje. Mrak se sada raspršio i on se našao izvan onog hridovitog dela obale; na peščanom dnu raspoznavali su se tanani nabori uobličeni gibanjem mora. Sunčevi zraci dosezali su čak dotle u treperavim odbljescima i iskričavom svetlucanju jata sićušnih ribica koje su mirno jezdile u pravoj liniji, da bi onda iznenada sve zajedno skrenule pod pravim uglom.

Podiže se oblačić od peska: to je jedan sarag pljesnuo repom o dno. Nije primetio da je ostva uperena u njega. Zefirino je već bio pod vodom; a sarag, posle nekoliko uzrujanih kretnji prugastim bokovima, brže-bolje pobeže ka površini vode. Riba i ribolovac plivali su između grebena načičkanih morskim ježevima sve do jedne udubine u šupljikavoj, bezmalo goloj steni. „Ovde mi neće umaći", pomisli Zefirino; i u tom trenu sagar nestade. Iz rupa i udubljenja dizala se nit od mehurića vazduha, potom bi namah iščezla i pojavila se negde drugde; morske sase su treperile u iščekivanju. Sarag proviri iz jedne šupljine, nestade u susednoj da bi se odmah zatim pojavio iz nekog otvora na potpuno drugom kraju kamena. Nastavio je da pliva tik uz jednu stenovitu izbočinu, potom je zaronio malo dublje, i Zefirino tek tad spazi blistavu zelenu površinu koja se prostirala dole, na dnu. Riba nestade u toj svetlosti, i Zefirino se uputi za njom.

Kliznuo je ispod niskog luka u podnožju stene i nad njim se ponovo ukaza duboka voda i nebo. Obrisi svetlog stenja pružali su se svuda unaokolo po dnu, spuštajući se prema pučini ka grebenu koji je virio iznad vode. Jednim trzajem leđa i zamahom peraja Zefirino izroni da udahne vazduh. Na površini se pomoli cevčica, izbaci nekoliko kapljica vode zalutalih u maski, ali dečakova glava ostade pod vodom. Pronašao je saraga; štaviše: dva! I već je nanišanio kad spazi kako sleva mirno jezdi čitava eskadra, a zdesna svetluca još jedno jato. To mesto je vrvelo od ribe, kao da je bilo okruženo ogledalima, i kud god bi pogledao Zefirino bi se susreo sa migoljivim trzajima tananih peraja, svetlucanjem krljušti tako da mu se od zadivljenosti i ushićenja nije dalo da ispali ni jedan jedini hitac.

Nije smeo da žuri, morao je da smisli najbolji mogući način da to uradi a da pri tom ne poseje paniku svuda oko sebe. Držeći i dalje glavu pod vodom, Zefirino se uputi prema najbližem grebenu; kad u vodi ugleda jednu belu ruku kako visi niz hrid. More je bilo nepomično; po glatkoj i sjajnoj površini širili su se koncentrični krugovi kao od kapljica kiše. Dečak podiže glavu i pogleda. Ležeći potrbuške na ivici stene, jedna debela žena u kupaćem kostimu se sunčala. I plakala. Suze su jedna za drugom klizile niz obraze i padale u more.

Zefirino podiže masku na čelo i reče: – Izvinite.

A debela žena: – Nije važno, dečko – nastavljajući i dalje da plače. –Samo ti pecaj.

– Ovde ima ribe koliko hoćete – objasni on. – Jeste li videli koliko je ima?

Debela žena je ležala uzdignute glave, piljeći preda se očiju prepunih suza. – Nisam zapravo ni gledala. A i kako bih? Ne mogu nikako da prestanem da plačem.

Zefirinu nije bilo premca kad se radilo o moru i ribi; međutim, u prisustvu ljudi ponovo bi poprimio onaj tupav izraz lica s otvorenim ustima i počeo da zamuckuje. – Žao mi je, gospođo... – i hteo je da se vrati natrag svojim ribama, ali je prizor debele žene koja plače bio tako nesvakidašnji da je i dalje stajao opčinjeno, piljeći u nju mimo svoje volje.

– Nisam gospođa, dečko – reče debela žena onim svojim otmenim i pomalo nazalnim glasom. – Zovi me gospođica. Gospođica De Mađistris. A kako se ti zoveš?

– Zefirino.

– Baš lepo, Zefirino. Kako ti ide pecanje? Ili lov, kako se to kaže?

– Ne znam kako se kaže. Još nisam ništa uhvatio. Ali ovde je dobro mesto.

– Oprezno s tom puškom, molim te. Ne zbog mene, ko još za mene čemernu mari. Već zbog sebe, da se ne povrediš.

Zefirino je uveri da ne treba da brine. Seo je na greben pokraj nje i neko vreme je gledao kako plače. Bilo je trenutaka kada je izgledalo da će prestati, i tada bi šmrcala kroz pocrveneli nos, podižući glavu i odmahujući njome. Međutim, za to vreme u uglovima očiju i ispod kapaka kao da se nadimao neki mehur od suza i oko bi joj se odjednom napunilo i prelilo.

Zefirino nije znao tačno šta da misli. Nije bilo nimalo prijatno gledati ovu gospođicu kako plače. Ali kako neko uopšte može da tuguje pored tog morskog zabrana krcatog svim mogućim vrstama riba, koji je srce ispunjavao radošću i poletom? I kako sad da se bućne u tu zelenu vodu i da lovi ribe dok tu pored sedi odrasla osoba oblivena suzama? U istom trenutku, na istom mestu postojale su dve tako oprečne i nepomirljive želje. Zefirino nije mogao da razmišlja o obe želje u isto vreme; niti je mogao da se prepusti samo jednoj od njih.

– Gospođice – reče.

– Kaži.

– Zašto plačete?

– Zato što nemam sreće u ljubavi.

– Ah!

– Ti to ne razumeš, još si mali.

– Hoćete li da probate da plivate s maskom?

– Hvala, vrlo rado. Je li lepo?

– Najlepše na svetu.

Gospođica De Mađistris ustade i zakopča bretelice kostima na leđima. Zefirino joj dade masku i objasni kako da je stavi. Ona nakrivi glavu s maskom na licu, što u šali, što snebivajući se, ali kroz staklo su se videle oči iz kojih nisu prestajale da teku suze. Uđe u vodu nimalo ljupko, poput foke, i stade da vitla rukama, lica okrenutog nadole.

S harpunom pod miškom, i Zefirino se baci u vodu za njom.

– Recite mi kad ugledate neku ribu – doviknu gospođici De Mađistris. On se u vodi nikada nije šalio; a tu povlasticu da se ide u ribolov s njim retko da je ikome nudio.

Međutim, gospođica je podigla glavu i odmahnula odrečno. Staklo je bilo neprozirno i crte njenog lica nisu se više videle. Skinula je masku. – Ništa ne vidim –

reče – staklo mi se zamagljuje od suza. Ne mogu. Izvini. I ostade tako u vodi, plačući.

– To je već problem – reče Zefirino. Nije poneo polutku krompira da protrlja staklo kako bi ponovo postalo prozirno, ali se snašao kako je najbolje umeo, s malo pljuvačke, i onda stavio masku sebi na lice. – Gledajte kako ja to radim – reče debeljuci. I kretali su se tako zajedno, po tom moru, on s perajama, lica zagnjurenog u vodu, ona plivajući bočno, s jednom pruženom rukom a drugom savijenom, glave ogorčeno uspravne i neutešne.

Gospođica De Mađistris je plivala loše, samo na boku, nezgrapnim zamasima ruku. A ispod nje ribe su metrima i metrima krstarile morem, brodile su morske zvezde i sipe, otvarala se usta moruzgi. Zefirinov pogled je sada nailazio na zamamne morske predele u kojima bi čovek poželeo da se izgubi. Voda je bila duboka a peščano dno prošarano sitnim školjem između kojeg su i na najmanji drhtaj mora lelujali isprepletani pramenovi algi. Ali, gledajući odozgo, na toj jednolikoj ravni od peska činilo se da to u stvari školje leluja usred nepomične i algama gusto nastanjene vode.

Najednom ga gospođica De Mađistris vide kako nestaje zaranjajući glavom nadole, potom se na površini na trenutak ukazala zadnjica, pa peraja, a onda se njegova svetla senka našla pod vodom, spuštajući se ka dnu. Lubin je prekasno primetio opasnost: ispaljena ostva već ga je pogodila iskosa, a srednji zubac mu se zabio u pravcu repa i proburazio ga. Lubin ispravi bodljikava peraja i polete zamahujući kroz vodu, preostali zupci ostve nisu ga dohvatili i on se još nadao da će pobeći, makar i po cenu repa. Ali, time nije postigao ništa osim što mu se peraje zakači za jedan od slobodnih zubaca, te konačno bî uhvaćen. Najlon se već namotavao na kalem a nad njim je lebdela Zeferinova ružičasta i zadovoljna senka.

Iz vode izroni ostva s probodenim lubinom, zatim dečakova ruka, pa glava s maskom uz grgotanje vode iz cevke za vazduh. I Zefirino otkri lice. – Jeste li videli kako je lep? A? Jeste li videli, gospođice? – Bio je to veliki srebrnastocrni lubin. Međutim, žena je i dalje plakala.

Zefirino se pope na vrh jedne stene; gospođica De Mađistris ga je s mukom pratila. Dečak je u steni pronašao malo udubljenje puno vode i u njega stavio ribu kako bi ostala sveža. I oboje čučnuše pored. Zefirino je posmatrao lubina koji se prelivao u raznim bojama, milovao mu krljušti i tražio od gospođice De Mađistris da učini to isto.

– Je l' vidite kako je lep? Vidite kako bode? – Kad mu se učinilo da se tračak zanimanja za ribu probio ispod potištenosti debele žene, reče: – Odoh časkom da vidim mogu li da uhvatim još jednog – i baci se u vodu pod punom opremom.

Žena ostade s ribom. I otkri da nikada nijedna riba nije bila tako nesrećna. Onda je počela da prelazi prstima preko njenih prstenastih usta, škrga, repa; i videla je kako se svuda po tom lepom srebrnastom telu otvara na hiljade sićušnih rupa. Vodene buve, majušni riblji paraziti, odavno su se već dočepali lubina, nagrizajući svoje staze u njegovom mesu.

Ne znajući za sve to, Zefirino je već izranjao sa zlatastim kanjem na ostvi i pružao ga gospođici De Mađistris. I tako su njih dvoje polako podelili zadatke: žena je skidala ribu sa ostve i stavljala je u udubljenje da ostane sveža; a Zefirino se ponovo naglavce bacao u vodu kako bi uhvatio novu. Ali svaki put bi prvo pogledao da li je gospođica De Mađistris prestala da plače; ako joj već i sam pogled na lubin i kanj nije zaustavio suze, šta bi je uopšte moglo utešiti?

Zlataste pruge krasile su bokove kanja. Dva peraja su se, jedan iza drugog, pružali preko njegovih leđa. I upravo između ta dva peraja, gospođica spazi jednu usku i duboku ranu, mnogo stariju od rana nanetih ostvom. Mora da ga je galeb udario kljunom s takvom žestinom da je pravo čudo što ga nije usmrtio. Ko zna otkad je kanj nosio sa sobom taj bol.

Jedan zubatac se, mnogo brže od Zefirinove ostve, stuštio na jato sićušnih i neodlučnih sleđeva. Samo što je progutao jednog sleđa, kad mu se ostva zari u grlo. Nikada još Zefirino nije izveo tako dobar udarac.

– Kakav primerak zubaca! – uzviknu, skidajući masku. – Ja sam pratio sleđeve! On je progutao jednog a ja... – i opisivao je šta se dogodilo, pokazujući mucanjem svoje uzbuđenje. Nije bilo moguće uhvatiti veću i lepšu ribu: i Zefirino je želeo da konačno i gospođica De Mađistris učestvuje u njegovoj radosti i zadovoljstvu. Ona je gledala debelo srebrnasto telo, taj grkljan koji je pre samo nekoliko trenutaka progutao zelenkastu ribicu, a sad je i sam rastrgnut zupcima ostve: takav beše život u čitavom moru.

Zefirino je još upecao jednu sivu i jednu crvenu bodeljku, jednog saraga sa žutim prugama, jednu debeljuškastu oradu i jednu pljosnatu bukvu; čak i jednu brkatu i bodljikavu krilatu ribu. Ali, gospođica De Mađistris je kod svake od njih primetila, osim rana od ostve, ujede buva koje su ih izjedale, ili tragove neke nepoznate pošasti, ili udicu odavno zarivenu u grlu. Možda je ta uvala koju je dečak našao, gde su se smestile sve moguće vrste riba, bilo sklonište za stvorenja osuđena na dugotrajni samrtni ropac, morski lazaret, poprište očajničkih megdana.

Zefirino se sada vrzmao između školja: hobotnice! Otkrio je čitavu koloniju skrivenu u podnožju jedne gromade. I već je na površinu izranjala viljuška sa krupnom ljubičastom hobotnicom iz čijih je rana kapala nekakva tečnost nalik razvodnjenom mastilu; i neki čudan nemir obuze gospođicu De Mađistris. Za hobotnicu je nađeno zasebno udubljenje i Zefirino je želeo da zauvek ostane tu i posmatra ružičastosivu kožu koja je lagano menjala nijanse. Bilo je već kasno i dečak se sav naježio, toliko je dugo bio u vodi. Ali, Zefirino nesumnjivo nije bio od onih koji bi se odrekli tek otkrivene porodice hobotnica.

Gospođica je razgledala hobotnicu, njeno ljigavo telo, usta sisaljki, crvenkasto, gotovo tečno oko. I gle, činilo joj se da jedino hobotnica, od svih upecanih stvorenja, ne nosi nikakav trag ni znak mučenja. Njeni pipci ružičaste boje, bezmalo nalik boji ljudske kože, tako mekani i vijugavi, i puni tajnih pazuha, nagonili su je da razmišlja o zdravlju i životu, a pokoji tromi grč još uvek ih je okretao uz neznatno širenje sisaljki. Ruka gospođice De Mađistris izvede u vazduhu kretnju kao da miluje vijugave pipke hobotnice a prstima stade da oponaša njeno stezanje i opuštanje, da bi je na kraju, sve više se približavajući, i ovlaš dodirnula.

Spuštalo se veče, morem su počeli da se sustižu talasi. Pipci poput biča zatrepereše u vazduhu i hobotnica se svom snagom namah obmota oko ruke gospođice De Mađistris. Stojeći na školju, kao da pokušava da pobegne od vlastite zarobljene ruke, ona povika nešto što je zazvučalo kao: – Hobotnica! Rastrgnu me hobotnica!

Zefirino, koji je upravo uspeo da istera iz skloništa jednu lignju, izroni glavu iz vode i ugleda debelu ženu sa hobotnicom koja je s ruke pružala jedan pipak i hvatala je za gušu. A do njega takođe dopre i poslednji deo krika: bio je to piskav i neprekidan krik, ali – tako se barem učini dečaku – bez suza.

Pritrča neki čovek s nožem i stade da udara hobotnicu po oku; gotovo u jednom zamahu odseče joj glavu. Bio je to Zefirinov otac koji je napunio svoju korpu prilepcima i krenuo da traži sina po školju. Začuvši krik, i upravivši u tom pravcu svoj pogled zaklonjen naočarima, ugledao je ženu i pritrčao da joj pomogne, noseći sečivo koje je koristio za prilepke. Pipci se smesta opustiše; gospođica De Mađistris pade u nesvest.

Kada je došla k sebi, zateče hobotnicu isečenu na komadiće, koju joj Zefirino i njegov otac pokloniše. Bilo je veče i Zefirino je obukao majicu. Otac joj je pažljivo objašnjavao kako će najbolje ispržiti hobotnicu. Zefirino ju je posmatrao i u više navrata pomislio da će opet briznuti u plač; ali više nije pustila ni jednu jedinu suzu.

PRIČE I RAZGOVORI
1968–1984

MEMORIJA SVETA

Zato sam vas pozvao, Mileru. Sad kada je moja ostavka prihvaćena, vi ćete biti moj naslednik: vaše postavljenje za direktora očekuje se vrlo brzo. Nemojte se praviti nevešti: o tome se već odavno priča, i sigurno je stiglo i do vaših ušiju. Uostalom, nema sumnje da ste vi, Mileru, najstručniji među mladim kadrom naše organizacije, onaj koji poznaje – može se reći – sve tajne našeg posla. Naizgled, barem. Dopustite mi da kažem: ne činim ovo na svoju ruku, već po nalogu naših pretpostavljenih. Ima samo nekoliko stvari s kojima vi, Mileru, još niste upoznati, i došao je trenutak da ih saznate. Vi, kao i svi uostalom, mislite da naša organizacija već godinama priprema najveći dokumentacioni centar ikada napravljen, jednu kartoteku koja će prikupiti i srediti sve ono što se zna o svakoj pojedinačnoj osobi i životinji i stvari, s obzirom da se ubrzo očekuje sveopšti popis ne samo sadašnjosti već i prošlosti, svega onoga što je bilo od postanka, ukratko, jednu opštu istoriju svega zajedno, ili još bolje katalog svega, trenutak po trenutak. Tačno, mi zaista radimo na tome i možemo reći da smo dosta odmakli: ne samo da se sadržina najvažnijih biblioteka sveta, arhiva i muzeja, godišnjaka dnevnih listova svih zemalja već nalazi na našim bušenim karticama, nego je tu i dokumentacija sakupljena *ad hoc*, osoba za osobom, mesto za mestom. I čitav taj materijal prolazi kroz jedan proces redukcije, kondenzacije, minijaturizacije, za koji još uvek ne znamo kada će stati; isto kao što se sve postojeće i moguće slike pohranjuju na sićušne mikrofilmove, a mikroskopski kalemovi magnetne žice sadrže sve moguće i nemoguće zvuke. Mi zapravo nameravamo da napravimo centralizovanu memoriju ljudskog roda i da je uskladištimo u jedan prostor, što je moguće manji, po ugledu na pojedinačne memorije naših mozgova.

Ali nema potrebe da sve ovo ponavljam baš vama koji ste postali deo ovog tima pošto ste na našem prijemnom konkursu pobedili s projektom „Čitav Britanski Muzej na jednom kestenu". Vi ste s nama relativno mali broj godina, ali ste već upoznati s radom naših laboratorija kao ja koji sam bio na mestu direktora od samog osnivanja. Nikada ne bih napustio ovo mesto, uveravam vas, da me snaga nije izdala. Međutim, posle tajanstvenog nestanka moje supruge, pao sam u depresiju od koje nikako ne mogu da se oporavim. Ispravno je što su naši nadređeni – prihvatajući uostalom i moju želju – razmišljali da me smene. Stoga je na meni da vas uputim u poslovne tajne o kojima vam do sada nije ništa rečeno.

Ono što vi ne znate je zapravo pravi cilj našeg posla. Reč je o kraju sveta, Mileru. Radimo imajući u vidu skorašnji kraj života na Zemlji. Zato da sve ne bude uzaludno, da sve ono što znamo prenesemo drugima za koje ne znamo ni ko su ni šta znaju.

Mogu li da vas ponudim cigarom? Predviđanja da Zemlja neće još dugo biti pogodna za život – barem ne za ljudski rod – ne mogu previše da nas uzbude. Svi smo već znali da je Sunce na polovini svog života: u najboljem slučaju, sve će biti gotovo za četiri do pet milijardi godina. Jednom rečju, još malo i problem će se u svakom slučaju pojaviti; novo je to da su krajnji rokovi mnogo bliži, da nemamo vremena za gubljenje, eto, u tome je stvar. Odumiranje naše vrste svakako je tužna sudbina, ali plakanje nad time samo je beskorisna uteha i ništa više, kao uostalom i žalost zbog smrti neke osobe. (Stalno mislim na odlazak moje Anđele, oprostite mi ovu moju raznuženost). Na milionima nepoznatih planeta sigurno žive bića slična nama; nije toliko važno da li će nas pamtiti i produžiti naše trajanje njihovi ili naši potomci. Važno je da im prenesemo svoju memoriju, sveopšte sećanje koje je prikupila organizacija za čijeg ćete direktora vi, Mileru, uskoro biti postavljeni.

Ne plašite se; delokrug vašeg posla ostaće isti kao do sada. Sistem za prenos naše memorije drugim planetama proučava poseban ogranak ove organizacije; mi već imamo svoj posao, i uopšte nas se ne tiče koja su sredstva primerenija: optička ili akustička. Može biti da se poruke čak neće ni prenositi, već pohraniti na sigurno, ispod zemljine kore: jednog dana bi vangalaktički arheolozi mogli da nađu i istraže ruševine naše planete koja luta po svemiru. Ni kod ili kodovi koji će biti izabrani nisu naša briga: postoji čak ogranak koji proučava samo to, kako da naša zaliha postane razumljiva bez obzira na jezički sistem koji koriste ostali. Za vas se, pošto sad znate, nije promenilo ništa, uveravam vas, osim u pogledu odgovornosti koja vas čeka. I upravo sam o tome hteo da malo porazgovaram s vama.

Šta će ljudski rod biti u trenutku izumiranja? Izvesna količina informacija o sebi i o svetu, konačna količina, budući da više neće moći da se obnavlja i uvećava. Neko vreme svemir je imao izuzetnu priliku da prikuplja i obrađuje informaciju; i da je stvara, da učini da se ona pojavljuje tamo gde ne postoji ništa što bi trebalo informisati ni o čemu: to je bio život na Zemlji, a pre svega ljudski rod, njegova memorija, njegovi izumi u vezi sa komunikacijom i pamćenjem. Naša organizacija jemči da ta količina informacija neće nestati, nezavisno od činjenice da li će je neko drugi primiti ili ne. Velika obaveza direktora biće da se potrudi da ništa ne promakne, jer ono što promakne kao da nikada nije ni postojalo. A u isto vreme, on će imati obavezu da se ponaša kao da nikada nije postojalo sve ono što bi na kraju zapetljalo ili obezvredilo neke važnije stvari, odnosno sve ono što ne bi proširilo informaciju već napravilo nepotreban nered i galamu. Ono što je bitno je opšti model sačinjen od

73

skupa informacija iz kojeg će moći da se izvuku druge informacije koje mi ne dajemo ili možda nemamo. Jednom rečju, ne dajući određene informacije daje se više informacija nego što bi se zapravo dalo dajući ih. Krajnji ishod našeg rada biće model u kojem je sve informacija, čak i ono čega nema. Tek tada će moći da se sazna šta je od svega onoga što je bilo zaista važno, odnosno šta je to što je zaista bilo, jer krajnji ishod naše dokumentacije biće u isto vreme ono što jeste, što je bilo i biće, a sve ostalo ništa.

U našem poslu, naravno, ima trenutaka – i vi ste ih, Mileru, svakako iskusili – kad dođete u iskušenje i pomislite da je važno samo ono što promakne našem zapisu, da samo ono što prolazi ne ostavljajući nikakvog traga zaista postoji, dok je sve ono što naše kartice sadrže u stvari mrtvo, samo strugotina, šljaka. Dođe trenutak kada nam se čini da su zevanje, muva u letu ili svrab zapravo jedino bogatstvo upravo zato što je potpuno neupotrebljivo, dato jednom za svagda i odmah zaboravljeno, otrgnuto od dosadne sudbine skladištenja u memoriju sveta. Ko može da isključi pretpostavku da se svemir sastoji od iskidane mreže neuhvatljivih trenutaka, i da naša organizacija ne nadzire ništa drugo osim njihovog negativnog otiska, okvira praznine i beznačajnosti?

Ali to je naša profesionalna deformacija: čim se usredsredimo na nešto, odmah bismo hteli da to uvrstimo u svoje kartoteke; tako da mi se često događalo, priznaću vam, da u kartoteku zavedem zevanja, bubuljice, neprimerene asocijacije, zvižduke, i da ih sakrijem u paketu najstručnijih informacija. Jer, mesto direktora, na koje ćete uskoro biti postavljeni, nosi i tu povlasticu: mogućnost da date lični pečat memoriji sveta. Pratite me, Mileru: ne govorim vam o samovolji i zloupotrebi moći, već o jednom neophodnom sastojku našeg posla. Postoji opasnost da masa nemilosrdno objektivnih i neospornih informacija prenese sliku koja je daleko od istine, da krivotvori posebnost svake situacije. Uzmimo da nam s neke druge planete stigne poruka koja sadrži samo nepobitne činjenice, toliko jasna da prosto bode oči: ne bismo obratili pažnju, ne bismo je ni primetili; jedino bi poruka koja sadrži nešto neiskazano, neodređeno, pomalo zagonetno, probila prag naše svesti, primorala nas da je primimo i protumačimo. Moramo voditi računa o tome: zadatak direktora je da skupu podatka koje su naša odeljenja prikupila i odabrala podari onaj tanani lični pečat, onu mrvicu nepouzdanosti, odvažnosti koja im je potrebna da bi bili istiniti. Na to sam hteo da vas upozorim, pre nego što vam predam dužnost: u dosad prikupljenom materijalu tek se mestimično primećuje moja ruka – bio sam krajnje pažljiv, da se razumemo; posejani su tu stavovi, nedoumice, čak i laži.

Laž samo naizgled isključuje istinu; vi znate da su u mnogim slučajevima laži – na primer, za psihoanalitičara laži pacijenta – jednako značajne ako ne i značajnije od istine; tako će biti i za one koji će jednog dana tumačiti našu poruku. Ovo što vam sada govorim, Mileru, to više nije po nalogu naših pretpostavljenih već na osnovu ličnog iskustva, kao kolega kolegi, kao čovek čoveku. Slušajte me: laž je ona prava informacija koju treba da prenesemo. I zato nisam hteo da se lišim mogućnosti da krajnje uzdržano upotrebim laž tamo gde ona nije komplikovala već uprošćavala poruku. Naročito u podacima o sebi, smatrao sam da imam pravo da priložim obilje netačnih detalja (ne verujem da to može nekome da smeta). Na primer, moj život sa Anđelom: opisao sam ga onakvog kakav bih voleo da je bio, velika ljubavna priča, u kojoj se Anđela i ja pojavljujemo kao večno zaljubljen par, dvoje ljudi koji su uprkos svakakvih nevolja srećni, strastveni i verni. Nije bilo baš tako, Mileru: Anđela se za mene udala iz računa, i odmah se zbog toga pokajala, naš život je bio neiscrpan niz podlosti i prevara. Ali zar je važno ono što se svakodnevno dešavalo? U memoriji sveta Anđelin lik je konačan, savršen, ništa ga ne može narušiti i ja ću zauvek biti suprug dostojan zavisti kao niko do tada.

U početku je samo trebalo da ulepšam podatke koje sam crpeo iz našeg svakodnevnog života. Posle izvesnog vremena, u podacima koje sam imao pred sobom dok sam iz dana u dan posmatrao Anđelu (a potom je uhodio, pratio, naposletku) bilo je sve više protivrečnosti, dvosmislenosti, i to takvih koje su mogle opravdati sramotne sumnje. Šta je trebalo da radim, Mileru? Da pomutim, da potamnim onaj svetli Anđelin lik koji treba da se prenese dalje, tako voljen i mio, da pomračim najblistaviju poruku svih naših kartoteka? Uklanjao sam te podatke malo po malo, bez imalo oklevanja. Ali sam stalno strahovao da u onom konačnom Anđelinom liku ne ostane neki znak, neka nejasnoća, trag iz kojeg bi se moglo zaključiti šta je ona – šta je Anđela u svom prolaznom životu – bila i činila. Čitave sam dane provodio u laboratoriji birajući, brišući, izostavljajući. Bio sam ljubomoran, Mileru: ne na prolaznu Anđelu – ona je za mene već bila izgubljena partija – nego na tu Anđelu-informaciju koja će preživeti dogod bude svemira.

Prvi uslov da Anđela-informacija ne bude ukaljana ni jednom jedinom mrljom bio je da se živa Anđela više ne pretpostavlja njenom liku. I upravo tad Anđela nestade i sva traganja behu uzaludna. Bilo bi izlišno da vam ja sad, Mileru, pričam kako sam uspeo da se oslobodim leša, komad po komad. Nemojte se uzrujavati, ovi detalji nemaju nikakvog značaja za ciljeve našeg posla, jer u memoriji sveta ja sam i dalje srećan suprug a zatim neutešan udovac kakvog me svi vi znate. Ali mir nisam našao: Anđela-informacija je uprkos svemu ostala deo jednog sistema informacija od kojih su neke sasvim lako mogle da se protumače – zbog smetnji u prenosu, ili pakosti dešifratora – kao dvosmislene pretpostavke, zlobne aluzije, nagađanja. Odlučih da u našim kartotekama uništim i najmanju naznaku postojanja onih osoba s kojima je Anđela mogla imati intimne odnose. Bilo mi je veoma žao, jer od nekoliko naših kolega neće ostati ni traga u memoriji sveta, kao da nikada nisu postojali.

Vi mislite, Mileru, da vam sve ovo pričam ne bih li obezbedio vaše razumevanje. Ne, nije u tome stvar. Moram vas obavestiti o krajnjim merama koje sam prinuđen da preduzmem kako bi informacija o svakom mogućem ljubavniku moje žene ostala izvan kartoteke. Ne brinem o posledicama koje bi mogle da me snađu; ono malo vremena što mi je ostalo u životu kratko je u odnosu na večnost s kojom sam navikao da se nosim; a ono što sam ja zaista bio već sam ustanovio jednom za svagda i pohranio na bušene kartice.

Ako u memoriji sveta ne postoji ništa što treba da se ispravi, ostaje samo da se ispravi stvarnost koja se ne slaže sa memorijom sveta. Isto kao što sam sa kartica izbrisao sve tragove postojanja ljubavnika svoje žene, tako i njega moram da izbrišem iz sveta živih osoba. I upravo zato sada vadim pištolj, okrećem ga prema vama, Mileru, pritiskam okidač, ubijam vas.

PRE NEGO ŠTO KAŽEŠ „HALO"

Nadam se da si ostala pored telefona, i ako te neko drugi zove da ga moliš da odmah spusti slušalicu kako bi linija bila slobodna: znaš da moj poziv može da stigne svakog časa. Već sam tri puta okrenuo tvoj broj ali se poziv izgubio negde u zagušenim vodovima, ne znam da li odmah, ovde u gradu iz kojeg te zovem, ili tamo, u mreži tvoga grada. Linije su svuda opterećene. Čitava Evropa telefonira čitavoj Evropi.

Prošlo je tek nekoliko sati od kada sam se navrat-nanos oprostio od tebe; moje putovanje je uvek isto, i odvija se svaki put mahinalno, kao u transu: taksi koji me čeka na ulici, avion koji me čeka na aerodromu, automobil firme koji me čeka na drugom aerodromu, i evo me ovde, više stotina kilometara daleko od tebe. Ono što je meni važno je ovaj trenutak: tek što sam odložio kofere, nisam još ni skinuo mantil, a slušalica je već podignuta, okrećem pozivni broj tvog grada, a zatim tvoj broj.

Moj prst polako isprača svaku brojku sve do graničnika na brojčaniku, usredsređujem se na pritisak jagodice kao da od njega zavisi ispravnost puta koji svaki impuls treba da pronađe u čitavom nizu nezaobilaznih putanja, međusobno i od nas veoma udaljenih, sve dok ne probudi zvono kraj tvog uzglavlja. Ta operacija retko uspe iz prve: ne znam koliko će trajati mučenje kažiprsta prikovanog za brojčanik, neizvesnost uha priljubljenog uz mračnu školjku. Da bih savladao nestrpljenje prisećam se ne tako davnog vremena kada su nevidljive vestalke sa centrale bile zadužene da brinu o kontinuitetu ovog nepostojanog protoka impulsa, da biju nevidljive bitke protiv nevidljivih tvrđava: svaki unutrašnji podsticaj koji me je navodio da telefoniram prolazio je kroz jednu anonimnu i obesrabrujuću proceduru posredovanja, odlaganja, odabiranja. Sad kada se mreža automatskih priključaka prostire po čitavim kontinentima i svaki pretplatnik može odmah da zove bilo kog drugog pretplatnika ne tražeći ničiju pomoć, moram se naviknuti da tu veličanstvenu slobodu plaćam rasipanjem energije, ponavljanjem pokreta, praznim hodovima, sve većim razočaranjima. (Čak i da je plaćam suvim zlatom po jedinici razgovora, između čina telefoniranja i iskustva surovih tarifa ipak nema neke neposredne veze: računi stižu nakon tri meseca, jedini automatski međugradski razgovor utopio se u celokupnoj sumi koja izaziva zaprepašćenje ravno elementarnim nepogodama za koje naša volja odmah nalazi opravdanje u neizbežnosti). Lakoća telefoniranja predstavlja takvo iskušenje da telefoniranje postaje sve teže, da ne kažem nemoguće. Svi telefoniraju svima u svako doba, i niko ne uspeva da razgovara ni sa kim, pozivi i dalje tumaraju gore-dole po vodovima za automatsko biranje, udaraju krilima kao poludeli leptirovi, bezuspešno pokušavajući da se ubace u neku slobodnu liniju, nijedan pretplatnik ne prestaje da bombarduje registre brojevima uveren da se radi samo o trenutnom i lokalnom kvaru. Istina je da u najvećem broju poziva niko zapravo nema ništa da kaže, znači nije važno da li će vezu dobiti ili ne, što u krajnjem slučaju ugrožava onu nekolicinu koji bi jedni drugima zaista imali šta da kažu.

To naravno nije moj slučaj. Ako sam toliko nestrpljiv da ti telefoniram posle samo nekoliko sati razdvojenosti, to nije zato što sam propustio da ti kažem nešto važno, niti zato što žurim da među nama ponovo uspostavim onu prisnost koja je prekinuta u trenutku odlaska. Kad bih pomislio nešto slično, odmah bi mi pred očima iskrsnuo tvoj zajedljiv osmeh ili bih čuo tvoj ledeni glas koji me krajnje ravnodušno naziva lažovom. U pravu si:

časovi koji prethode mojim odlascima puni su ćutanja i nelagodnosti; dok sam pored tebe, razdaljina je nepremostiva. Ali baš zato jedva čekam da te pozovem: jer je taj međugradski, ili, još bolje, međunarodni telefonski razgovor naša jedina nada da ćemo dostići ono stanje koje ljudi obično nazivaju „biti zajedno". To je eto pravi razlog mog putovanja, tih mojih stalnih promena mesta na geografskoj karti, odnosno prikriveno opravdanje, ono koje koristim pred sobom, bez kojeg bi mi moje profesionalne obaveze na položaju inspektora za evropske poslove jednog multinacionalnog preduzeća izgledale kao besmislena navika: odlazim da bih mogao da ti telefoniram svakog dana, jer ja sam uvek bio za tebe i ti si uvek bila za mene drugi kraj jedne iste žice, štaviše, bakarni koaksijalni kabl, drugi pol jedne slabe struje frekvencijske modulacije koja teče duboko pod zemljom i na dnu mračnih okeana. A kada između nas nema te žice da uspostavi vezu, kada vidno polje zauzima samo naše tupo fizičko prisustvo, među nama sve postaje poznato i izlišno i mahinalno, kretnje, reči, izrazi lica, uzajamne reakcije zadovoljstva ili netrpeljivosti, sve ono što jedan neposredan dodir može preneti dvema osobama i što se kao takvo neosporno dobro prenosi i prima, ne zaboravljajući nikada skromnu opremu koju ljudska bića imaju na raspolaganju za međusobnu komunikaciju; jednom rečju, naše prisustvo je bez sumnje nešto predivno za oboje ali se svakako ne može porediti sa frekvencijom vibracija koja prolazi kroz digitalne centrale telefonskih mreža i s jačinom osećanja koju ona može izazvati u nama.

Osećanja su utoliko snažnija ukoliko je odnos nestalniji, pustolovniji, nesigurniji. Ono što nam smeta u našim odnosima kad smo zajedno nije to što su oni loši, već naprotiv, što su onakvi kakvi treba da budu. A sad mi evo zastaje dah u grlu dok jednu za drugom okrećem čitav niz brojki na brojčaniku, dok uhom usisavam priviđenja zvukova koji izlaze iz slušalice: dobovanje signala „zauzeto" negde u pozadini, tako maglovito da u vama probudi nadu da je to neka slučajna smetnja, nešto što nema veze s nama; ili prigušeno pucketanje koje bi moglo najaviti uspešan završetak jedne složene operacije ili barem neke od njenih prelaznih faza, ili ponovo nemilosrdnu tišinu praznine i mraka. U nekoj neznanoj tački telefonskog voda moj poziv je zalutao.

Prekidam i ponovo uzimam vezu, sad dvaput sporije pokušavam da okrećem prve cifre pozivnog broja koje služe samo da se pronađe izlaz iz gradske a onda iz nacionalne mreže. U nekim zemljama, u tom trenutku jedan poseban signal obaveštava da je ta prva operacija uspešno izvedena; ako se ne čuje određeno zujanje besmisleno je okretati dalje: treba sačekati da se oslobodi neka linija. Kod nas se ponekad na kraju ili usred pozivnog broja čuje veoma kratak zvižduk: ali ne kod svih pozivnih brojeva i ne svaki put. Jednom rečju, zviždukanje, bilo da se ono čulo ili ne, nije nikakva potvrda: kada linija da signal da je slobodna, ona može i dalje ostati nema ili mrtva, ili pak neočekivano otkriti da je zauzeta ne pokazavši prethodno ni najmanji znak života. Stoga ni u jednom slučaju ne treba gubiti nadu, već treba okrenuti broj do poslednje cifre i čekati. Osim ako signal „zauzeto" ne iskoči na pola broja, da upozori da je trud uzaludan. Tako je, uostalom, bolje: mogu odmah da spustim, da uštedim sebi novo besmisleno čekanje, i da pokušam ponovo. Ali, nakon što se upustim u iscrpljujući poduhvat okretanja dvaneastak brojki pomno prateći kretanje brojčanika, najčešće ostanem bez ikakvih vesti o ishodu svoga truda. Kojim li putevima, u ovom trenutku, krstari moj poziv? Da li još uvek stoji negde u registru polazne centrale, čekajući svoj red zajedno sa svim drugim pozivima? Da li je već preveden i kao komanda upućen selektorima, podeljen u grupe brojki koje jurišaju u potrazi za ulazom u sledeće tranzitne centrale? Ili je bez ikakvih smetnji odleteo do mreže tvoga grada, tvoje četvrti, i tamo ostao zarobljen poput muve u paukovoj mreži stremeći ka tvom nedostižnom telefonu?

Iz slušalice mi ne stiže nikakav glas, i ne znam da li treba da se predam i spustim, ili će mi jedno lagano šuškavo krčanje neočekivano dati znak da je moj poziv našao slobodan put, da se vinuo poput strele i da će za nekoliko sekundi kao kakav odjek razbuditi signal tvog zvona.

I upravo u toj tišini mreže ja razgovaram s tobom. Kada se naši glasovi budu napokon sreli, svestan sam da ćemo jedno drugom reći neke uopštene i polovične rečenice; ne zovem te da ti nešto kažem, niti zato što verujem da ti imaš nešto da mi kažeš. Telefoniramo jer se u tom nasumičnom traženju jedno drugog preko zakopanih bakarnih kablova, zamršenih releja, uskovitlanih četkica preopterećenih selektora, u tom istraživanju tišine i čekanju nekog povratnog odjeka, jedino pozivom na daljinu ovekovečuje onaj prvobitni zov daljine, onaj krik u trenu kada se prva velika pukotina od pomeranja kontinenata otvorila pod nogama dvoje ljudskih bića a bezdani okeana se razjapili da ih rastave dok su oni, jedan na jednoj, drugi na drugoj obali, vrtoglavo se udaljavajući, svojim krikom pokušavali da razapnu zvučni most koji bi ih povezao a koji je polako nestajao dok ga na kraju huka talasa nije beznadežno odvukla sa sobom.

Od tada je daljina razboj na kojem se tkaju sve ljubavne priče kao i svi odnosi među živim bićima, ona daljina koju ptice nastoje da premoste ispunjavajući jutarnji vazduh tananim lukovima svog ćijukanja, isto kao što mi zasipamo zemljine pore rafalima električnih impulsa koji se mogu izraziti kao komande za relejske sisteme: jedini način koji pomaže ljudskim bićima da shvate da jedni druge zovu iz potrebe da to čine i kraj. Ptice sigurno nemaju mnogo više da kažu jedna drugoj od onoga što ja tebi imam da kažem, ja, koji uporno guram prst u ovaj točak za mlevenje brojeva, u nadi da će neki srećniji impuls naterati tvoje zvono da se oglasi.

Kao šuma zaglušena ptičijim ćurlikanjem, naša telefonska planeta podrhtava od uspelih ili neuspelih pokušaja razgovora, cvrkutanja zvona, cilikanja prekinute linije, pištanja signala, tonova, metronoma; a ishod svega toga je jedno sveopšte pijukanje, koje nastaje iz potrebe svakog pojedinca da onom drugom pokaže da postoji, i iz straha da na kraju ne shvati da postoji samo telefonska mreža, dok oni koji zovu i oni koji odgovaraju možda uopšte ne postoje.

Ponovo sam pogrešio pozivni broj, iz mračnih dubina mreže do mene dopire svojevrsna ptičija pesma, potom delići tuđih razgovora, zatim poruka na nekom stranom jeziku koja ponavlja „broj koji birate nije trenutno dodeljen korisniku". Na kraju dolazi prodoran signal „zauzeto" da ubije i poslednji tračak nade. Pitam se da li i ti u ovom trenutku pokušavaš da me zoveš i naleceš na iste prepreke, tumaraš naslepo, gubiš se u istom trnovitom lavirintu. Govorim kao što ti nikada ne bih govorio da me slušaš; svaki put kada pritisnem dugmence poništajajući tanano nizanje brojeva brišem i sve ono što sam rekao ili pomislio kao u kakvom bunilu: i upravo je u ovom našem nestrpljivom neizvesnom mahnitom traženju početak i kraj svega; nikada jedno o drugom nećemo znati više od ovog šuštanja koje se udaljava i gubi u žici. Uzaludna napetost uha gomila naboj strasti, besove ljubavi i mržnje koje ja nikada – u toku svoje karijere službenika jednog velikog finansijskog preduzeća, u toku svojih strogo isplaniranih dana – nisam imao prilike da iskusim osim na površan i rasejan način.

Očigledno da je u ovo doba nemoguće dobiti vezu. Bolje da se predam, ali ako odustanem od razgovora s tobom moram odmah početi da posmatram telefon kao neko potpuno drugačije oruđe, kao deo mene koji ima neke druge funkcije: postoji čitav niz poslovnih sastanaka u ovom gradu koje moram hitno da potvrdim, moram da prekinem mentalno kolo koje me vezuje za tebe i da se ubacim u ono koje odgovara mojim povremenim inspekcijama preduzeća pod kontrolom naše grupe ili nezakonitog otkupa deonica; odnosno, treba da izvršim komutaciju, ali ne u telefonu, već u sebi, u svom odnosu prema telefonu.

Ali pre toga hoću da pokušam poslednji put, još jednom ću ponoviti onaj niz brojki koji je već zauzeo mesto tvog imena, tvog lica, tebe. Ako ide, ide; ako ne, prekinuću. Za to vreme, mogu da se vratim razmišljanju o stvarima koje ti nikada neću reći, mislima koje su pre upućene telefonu nego tebi, koje su tiču odnosa koji imam s tobom preko telefona, štaviše, odnosa koji imam s telefonom dok tebe koristim kao izgovor.

Dok mi se u glavi smenjuju misli koje prate ritam dalekih mehanizama, preda mnom iskrsavaju lica drugih žena koje primaju međugradske pozive, podrhtavaju glasovi drugačije boje, brojčanik spaja i razdvaja naglaske, ponašanja i raspoloženja, ali ne mogu nikako da pronađem lik neke sagovornice koja bi bila savršena da zadovolji moju žudnju za uspostavljanjem veza na daljinu. Sve počinje da mi se meša u glavi: lica, imena, glasovi, brojevi iz Antverpena, iz Ciriha, iz Hamburga. Daleko od toga da od jednog broja očekujem više nego od nekog drugog: ni zbog verovatnoće da dobijem vezu, ni zbog onoga što bih mogao – kada jednom dobijem broj – da kažem ili čujem. Ali, to me ne odvraća od upornih pokušaja da uspostavim vezu sa Antverpenom ili Cirihom ili Hamburgom ili kako god da se zove tvoj grad: već sam ga zaboravio u čitavoj toj vrteški brojeva koje poslednjih sat vremena naizmenično okrećem bez uspeha.

Ima stvari koje osećam potrebu da ti kažem iako znam da moj glas ne dopire do tebe: i nije važno da li se obraćam tebi iz Antverpena, tebi iz Ciriha, tebi iz Hamburga. Znaj da moj pravi susret s tobom nije u trenutku kada se uveče, u Antverpenu ili u Cirihu ili u Hamburgu, vidimo posle mojih poslovnih sastanaka; to je samo očekivan, neizbežan vid našeg odnosa: šale, pomirenja, ozleđenosti, ponovna buđenja strasti; u svakom gradu, sa svakom sagovornicom ponavlja se ritual koji obično imam s tobom. Isto kao što je broj iz Geteborga, ili iz Bilbaoa, ili iz Marselja, onaj broj koji ću grčevito zvati (pokušavati da zovem) čim se budem vratio u tvoj grad, pre nego što ti uopšte budeš znala da sam stigao: broj koji bih sada lako mogao da dobijem jednim lokalnim pozivom ovde u mreži Geteborga, ili Bilbaoa, ili Marselja (više se ne sećam gde sam). Ali sada ne želim da razgovaram s tim brojem; već s tobom.

Eto, to sam hteo da ti kažem, budući da ne možeš da me čuješ. Već sat vremena pokušavam naizmenično da dobijem niz brojeva koje je nemoguće dobiti kao i tvoj, u Kazablanki, u Solunu, u Vaduzu: žao mi je što me sve vi čekate pored telefona; usluge su svakim danom sve gore. Čim budem čuo da neka od vas kaže „Halo!" moraću da pazim da ne pogrešim, da se setim kojoj od vas pripada poslednji broj koji sam okrenuo. Da li ću prepoznati glasove? Dugo već čekam osluškujući tišinu.

Sad već mogu mirne duše da vam kažem, tebi i svima vama, budući da nijedan od vaših telefona ne odgovara: moj veliki projekat je da čitavu svetsku mrežu pretvorim u jedan produžetak sebe koji širi i privlači ljubavne vibracije, da ovaj aparat upotrebim kao neki organ mog tela preko kojeg ću imati snošaj sa čitavom planetom. Na putu sam da uspem. Čekajte pored svojih aparata. Govorim i vama, u Kjotu, u Sao Paolu, u Rijadu!

Nažalost, moj telefon i dalje daje zauzeto iako spuštam i podižem slušalicu, iako pritiskam dugmence na viljušci. Evo, sad se više ne čuje ništa, reklo bi se da sam izbačen sa svih linija. Ne uzbuđujte se. Mora da je neki trenutni kvar. Čekajte.

LEDENO DOBA

S ledom? Da? Odoh na trenutak u kuhinju da done-
sem led. I odmah se reč „led" širi između nje i mene,
razdvaja nas, ili možda spaja, ali kao tanana ploča koja
spaja obale zaleđenog jezera.
Ako postoji nešto što mrzim, to je pripremanje leda.
Moram da prekinem tek započeti razgovor u odsudnom
trenutku kada je pitam: hoćeš da ti sipam malo viskija?
a ona: hvala, kaže, ovako malo, a ja: s ledom? I već
krećem prema kuhinji kao u izgnanstvo, već vidim sebe
kako se borim sa kockicama leda koje neće da se odvo-
je od zidova kalupa za led.
Taman posla, kažem, pa to je začas, i ja uvek pijem
viski s ledom. To je tačno, zveckanje čaše pravi mi
društvo, odvaja me od galame koju prave ostali, na za-
bavama s puno ljudi, sprečava me da se izgubim u tala-
sanju glasova i zvukova, talasanju iz kojeg se ona izdvo-
jila kada se prvi put pojavila u mom vidokrugu, u
izokrenutom durbinu moje čaše s viskijem, njene boje
su se primicale onim hodnikom između dve sobe pune
dima i zaglušujuće muzike, ja sam stajao nepomično sa
svojom čašom i nisam ulazio ni tamo ni onamo, a ona,
gledala je moju izobličenu senku kroz proziran paravan
stakla leda viskija, ne znam da li je čula ono što sam joj
govorio, mislim zbog strašne galame a i zato što možda
nisam ni progovorio, što sam samo pomerio čašu a led
je lelujajući zazveckao kling kling, i ona je rekla nešto u
svoje malo zvono od stakla i leda, tad još svakako nisam
ni pomislio da će večeras doći kod mene.

Otvaram zamrzivač, ne, zatvaram zamrzivač, prvo moram da nađem posudu za led. Strpi se samo malo, odmah se vraćam. Zamrzivač je polarna pećina, s kapajućim ledenicama, kalup je ledenim pokrovom prikovan za limenu površinu, otkidam ga snažnim trzajem, prsti postaju beli. U iglou eskimska nevesta čeka lovca na foke koji je zalutao negde na ledenom sprudu. Treba samo lagano pritisnuti da bi se kockice odvojile od zidova svojih kućica: međutim, ništa, i dalje su u jednom komadu, ne ispadaju čak ni kada izvrnem kalup, stavljam ga ispod slavine u sudoperi, puštam toplu vodu, mlaz pucketa po plehu prekrivenom injem, moji beli prsti postaju crveni. Pokvasio sam manžetnu na košulji, to je vrlo neprijatno, ako postoji nešto što mrzim to je osećaj vlažnog lepljivog bezobličnog platna oko zapešća.

Stavi u međuvremenu neku ploču, led stiže odmah, čuješ me? Ne čuje me dok ne zatvorim slavinu, uvek ima nešto što nas sprečava da se čujemo i vidimo. Čak i u onom hodniku, govorila je kroz kosu koja joj je prekrivala pola lica, govorila je preko ruba čaše i čuo sam smeh zuba na staklu, na ledu, ponavljala je: le-de-no-do-ba? kao da joj je od čitavog razgovora koji smo vodili ostala samo ta reč, i meni je kosa padala preko očiju i govorio sam u led koji se strašno sporo topio.

Udaram ivicom kalupa o ivicu sudopere, izleće samo jedna kockica, pada izvan sudopere, napraviće baricu na podu, moram je pokupiti, odletela je ispod kredenca, moram da kleknem, zavučem ruku ispod njega, beži mi između prstiju, evo uhvatio sam je i bacam je u sudoperu, ponovo stavljam prevrnutu posudicu ispod česme.

Ja sam taj koji joj je pričao o velikom ledenom dobu koje se vraća na zemlju, čitava ljudska istorija se odvila u periodu između dva ledena doba koji se sada završava, obamrli sunčevi zraci jedva dopiru do zemljine kore koja se presijava od inja, zrna slada sakupljaju sunčevu energiju pre nego što se raspe i ponovo je bude u vrenju alkohola, na dnu čaše sunce još bije svoju bitku s ledom, na zakrivljenom obzorju severnjačkog vrtloga kruže ledeni bregovi.

Iznenada se odvajaju tri-četiri kockice leda i padaju u sudoperu, pre nego što uspevam da ispravim kalup, sve su već poispadale bubnjajući po cinku. Vitlam rukama po sudoperi ne bi li ih pohvatao i stavio u posudu za led, sad više ne razaznajem kocku koja je pala na pod i isprljala se, ako mislim sve da ih pokupim bolje da ih operem jednu po jednu, toplom vodom, ne, hladnom vodom, već se tope, na dnu posude za led polako se širi snežno jezerce.

Na milosti i nemilosti arktičkog mora, ledeni bregovi pletu beli vez duž golfske struje, pretiču je, hitaju prema tropima poput jata džinovskih labudova, zakrčuju prilaz lukama, zalaze u rečna ušća, visoki kao neboderi uvlače svoje oštre kljunove između nebodera škripeći po zidovima od stakla. Tišina polarne noći ispresecana je tutnjavom raselina koje se otvaraju gutajući čitave metropole, a onda šuštanjem lavina koje prigušuju, stišavaju, ublažuju.

Ko zna šta li ona tamo smera, tako nečujna, ne daje znake života, baš je mogla da dođe i da mi pomogne, majka mu stara, nije joj palo na pamet ni da mi kaže: treba li ti pomoć? Srećom, završio sam, brišem ruke ovom kuhinjskom krpom, ali ne bih voleo da mi ostane vonj kuhinjske krpe, bolje da opet operem ruke, gde ću sad da ih obišem? Problem je da li će sunčeva energija nagomilana u zemljinoj kori biti dovoljna da održi toplotu tela za vreme nastupajućeg ledenog doba, sunčevu toplotu alkohola igloa eskimske neveste.

Evo, sad se vraćam u sobu i moći ćemo na miru da popijemo svoj viski. Eto vidiš šta je radila tamo, ne dajući glasa od sebe? Skinula je odeću, potpuno je naga na kožnom divanu. Hteo bih da joj priđem ali je prostorija okovana ledom: kristali zasleplujuće beline nagomilali su se na tepihu, na nameštaju; prozračni stalaktiti vise sa tavanice, spajaju se u prozirne stubove, između mene i

88

nje podigla se čvrsta uspravna ploča, dva smo zatočena tela u masi ledenog brega, jedva možemo da se vidimo kroz taj zid sazdan od oštrih šiljaka koji se iskri na zracima jednog dalekog sunca.

POZIVANJE VODE

Pružam ruku prema tušu, stavljam prste na ručicu, polako je okrećem nalevo.

Samo što sam se probudio, oči su mi još uvek pune sna, ali sam savršeno svestan da je pokret koji upravo pravim da bih započeo svoj dan zapravo odlučujući i uzvišen čin koji me istovremeno spaja i sa kulturom i sa prirodom, sa milenijumima ljudske civilizacije i marljivim delanjem geoloških razdoblja koja su uobličila planetu. Ono što tražim od tuša jeste da mi pre svega potvrdi da sam gospodar vode, da pripadam onom delu čovečanstva koji je zahvaljujući trudu generacija nasledio povlasticu da poziva sebi vodu jednostavnim okretanjem slavine, da imam prednost da živim u jednom veku i na jednom mestu gde se u svakom trenutku može uživati u najvećem mogućem izobilju prozračne vode. A da bi se to čudo ponavljalo svakog dana, znam da je potreban čitav niz složenih uslova, te stoga otvaranje česme ne može biti odsutan i mahinalan pokret, već zahteva sabranost, predavanje iz dubine duše.

I evo, voda se na moj poziv penje cevima, nadire u sifone, podiže i spušta plovke koji podešavaju dotok u korita, čim je razlika u pritisku privuče ona pojuri u tom pravcu, pronosi svoj vapaj kroz priključne cevi, širi se mrežom kolektora, prazni i puni rezervoare, pritiska pregrade korita, teče kroz filtere za prečišćavanje, grabi duž čitave linije cevovoda koja je vodi ka gradu, pošto je prethodno u jednoj fazi svog beskrajnog ciklusa sakupljena i nagomilana, možda u kapljicama prelivena sa usana glečera sve do vrletnih bujica, ili isisana iz podzemnih slojeva, isceđena iz žila u stenama, upijena iz pukotina tla, spuštena s neba u gustom zastoru snega, kiše, grada.

Dok desnom rukom podešavam temperaturu vode, levu pružam dlana skupljenog poput čančeta kako bih se već prvim mlazom zapljusnuo po očima i konačno probudio, a u međuvremenu osećam kako s velike daljine prozračni hladni laki talasi nadiru prema meni duž beskrajnih kilometara akvedukta preko ravnica, brda, planina, osećam izvorske nimfe kako mi dolaze u susret svojim vodenim putevima, i uskoro će me ovde ispod tuša obujmiti svojim vretenastim milovanjima.

Ali pre nego što se u svakoj rupici prskalice pomoli po jedna kap i razvuče se u još nesigurno kapanje da bi onda odjednom sve zajedno briznule u zrakasti snop treperavih niti, treba preživeti čekanje od čitave jedne sekunde, te sekunde neizvesnosti kada nema ničega da me uveri da zemlja još uvek sadrži vodu i da nije postala suva i prašinjava kao sva druga nebeska tela u njenom okruženju, ili u svakom slučaju da ima dovoljno vode da bih je ja primio ovde, u dlanovima svojih ruku, tako daleko od svih slivova ili izvora, u srcu ove tvrđave od betona i asfalta.

Prošlog leta, severnu Evropu pogodila je velika suša, na ekranu su se nizala sasušena polja, skorela i ispucala, nekad bujne reke koje posramljeno otkrivaju svoja korita poput sprudova, goveda koja njuškama riju po blatu tražeći spas od žege, redovi ljudi s amforama i krčazima ispred nekog oskudnog studenca. Kroz glavu mi prolazi misao da je izobilje u kojem sam se do danas praćakao nepostojano i varljivo, da bi voda ponovo mogla da se pretvori u retko blago, koje se s mukom prenosi, evo vodonoše s bačvicom preko ramena kako prema prozorima dobacuje svoj poziv žednima da siđu i kupe čašu njegove dragocene robe.

Ako sam malopre, hvatajući se za ručice slavine, podlegao iskušenju neograničenog ponosa, bio je dovoljan samo tren da uvidim da je moj delirijum svemoći u stvari neopravdan i praznoglav, i sad sa strepnjom i ponizno vrebam dolazak bujice koja se potmulim drhtajima najavljuje u cevi. A šta ako je to samo mehur vazduha koji prolazi praznim cevovodima? Mislim na Saharu koja se svake godine neumoljivo širi za nekoliko centimetara, u drhturavoj izmaglici nazirem bujnozeleni privid oaze, mislim na ispošćene ravnice Persije koje se odvodnjavaju podzemnim kanalima usmerenim ka gradu sa kupolama od plave majolike, i kojima krstare karavani nomada što se svake godine spuštaju s Kaspijskog jezera u Persijski zaliv i podižu logore od crnih šatora pod kojima šćućurena na zemlji jedna žena s velom jarke boje stisnutim u zubima naliva vodu za čaj iz kožne mešine.

Podižem lice prema tušu čekajući da me svakog trena prvi mlaz vode zapljusne po poluzatvorenim kapcima oslobađajući moj sneni pogled koji sad pomno zagleda prskalicu od hromiranog lima posutu rupicama uokvirenim kamencem, i evo u njoj prepoznajem mesečev krajolik izrešetan krečnjačkim kraterima, ne, to su pustinje Irana koje gledam iz aviona, istačkane sićušnim belim kraterima raspoređenim u nizu na pravilnom rastojanju, koji obeležavaju put vode u cevovodima što se koriste već tri hiljade godina: *kanati*, pružaju se pod zemljom i na svakih pedeset metara povezani su sa površinom preko tih bunara u koje čovek može da se spusti, privezan za uže, radi njihovog održavanja. Evo, i ja se prenosim u te mračne kratere, u jednom izokrenutom vidiku spuštam se u rupe tuša kao u bunare *kanata*, prema vodi koja nevidljiva teče uz prigušeni žubor.

Delić sekunde dovoljan je da razlučim šta je gore a šta dole: upravo će mi odozgo stići voda, nakon neuobičajenog putovanja nagore. U sredinama izmučenim žeđu veštački putevi vode prolaze ispod zemlje ili po površini, odnosno ne razlikuju se mnogo od prirodnih, dok se pak najveća raskoš u sredinama koje obiluju životnom limfom ogleda u tome da voda na kraju pobedi silu zemljine teže, da je nateraju da se penje a potom silazi: i evo, sve je više vodoskoka sa nestašnim mlazevima i hitrim tananim brizgotinama, akvedukta sa visokim stubovima. Na arkadama rimskih akvedukta veličanstveno zidarsko delo pruža oslonac lakoći jednog žuboravog mlaza razapetog visoko na nebu: zamisao koja izražava veličanstveni paradoks: nesrazmerno glomazna i trajna monumentalnost u službi nečega što je nepostojano i prolazno i neuhvatljivo i prozračno.

Moja pažnja je usmerena na kavez zatomljenih bujica koji me obuhvata i nadnosi se nada mnom, na treperenje koje se pronosi gustom šumom cevi. Iznad sebe osećam ono nebo nad okolinom Rima, izbrazdano cevovodima položenim visoko na lukovima koji se lagano spuštaju niz padine, a onda oblacima, gore iznad njih, koji se nadmeću s akveduktima noseći uvis neizmerne količine vode u pokretu.

Krajnje odredište akvedukta je uvek grad, veliki sunđer napravljen da upija i napaja, Ninivu i njene vrtove, Rim i njegove terme. Jedan prozirni grad neprekidno teče u zgusnutim utrobama od kamena i kreča, čitava mreža vodenih niti obavija zidove i ulice. Površne metafore kažu da je grad aglomerat od kamena, brušeni dijamant ili čađavi ugalj, ali svaka metropola može da se posmatra i kao jedna velika tečna struktura, prostor omeđen uspravnim i položenim tokovima vode, gomila naslaganih mesta izloženih plimama i osekama, poplavama, odstupajućim talasima, gde ljudski rod ostvaruje jedan savršeni uzor vodozemnog života kojem bespovratno teži.

A možda je grad taj koji zapravo ostvaruje bespovratnu težnju vode: da se uspinje, šiklja, teče odozdo nagore. Svaki grad se u stvari prepoznaje po dimenziji visine: Manhatan koji uzdiže svoje kade na vrhove nebodera, Toledo koji vekovima mora da izvlači burad iz brzaka reke Taho, dole u podnožju, i da ih tovari na samare mazgi, sve dok se zarad uživanja setnog Filipa II uz škripanje ne pokrene *el artificio de Juanelo* i preko vrleti ne počne da se preliva iz reke u Alkazar, čudo kratkoga veka, sadržaj klatećih vedara.

I evo me, dakle, spremnog da prihvatim vodu ne kao nešto što mi po prirodi stvari pripada, već kao kakav ljubavni susret čija je sloboda i sreća srazmerna preprekama koje je imao da savlada. Želeći da žive u potpunom prožimanju s vodom, Rimljani su u središte svog javnog života stavili terme; danas, to prožimanje za nas predstavlja jezgro privatnog života, ovde pod ovim tušem čije sam potoke mnogo puta video kako teku niz tvoju kožu, najado nereido undino, i evo opet te vidim kako se pojavljuješ i nestaješ u lepezi plahovitih kapljica, sada kad voda šiklja hitro se pokoravajući mom pozivu.

OGLEDALO, META

U mladosti sam čitave sate provodio pred ogledalom praveći grimase. Daleko od toga da mi je ovo moje lice izgledalo toliko lepo da nisam mogao prestati da ga gledam; naprotiv, nisam ga podnosio, i grimasanje mi je omogućavalo da isprobam drugačije izraze, izraze koji bi se pojavili i bivali odmah zamenjeni nekim drugim, te sam tako mogao poverovati da sam neka druga osoba, mnoštvo osoba različitih tipova, čitava gomila pojedinaca koji su na smenu postajali ja, odnosno, ja sam postajao oni, odnosno svako od njih je postajao neko drugi od njih, a ja za to vreme kao da uopšte nisam postojao.

Ponekad, pošto bih isprobao tri-četiri grimase, možda čak deset-dvanaest, ubedio bih sebe da mi je jedna od njih ona najdraža i pokušao da je ponovo napravim, da crte svog lica ponovo uobličim u tu grimasu koja mi je tako dobro uspela. Ni u snu. Kada grimasa jednom iščezne, više nema načina da je ponovo uhvatim, da se ponovo uklopi u moje lice. Tragajući za njom, pravio sam uvek drugačije izraze lica, nepoznate, tuđe, neprijateljske, izraze koji su me zapravo sve više udaljavali od onog nestalog. Uplašen, prestao bih da pravim grimase i tad se vraćao onaj stari lik koji sam oduvek imao, i činilo mi se da je ispražniji nego ikada.

Ali te moje vežbe nikada nisu trajale predugo. Uvek bi me neki glas vratio u stvarnost.

Fulđencio! Fulđencio! Kud li se samo denuo? Kao i obično! Znam ja dobro kako ta budala provodi dane!

Fulđencio! Opet smo te uhvatili kako pred ogledalom
praviš grimase!

Grozničavo sam izmišljao grimase krivca uhvaćenog
na delu, vojnika u stavu mirno, dobrog i poslušnog de-
teta, rođenog ludaka, gangstera, anđelka, čudovišta,
nižući ih jednu za drugom.

Fulđencio, koliko puta moramo da ti kažemo da se ne
zatvaraš u sebe! Pogledaj kroz prozore! Vidi kako priro-
da buja pupi šumi leprša cveta! Vidi kako marljivi grad
ključa otkucava treperi snuje stvara! I onda bi mi svaki
od mojih ukućana podignute ruke pokazivao neki detalj
u krajoliku, nešto što će po njihovom mišljenju imati tu
moć da me privuče, ushiti ili da mi prenese energiju ko-
ja mi je – opet po njihovom mišljenju – nedostajala. Ja
sam gledao, pa gledao, pogledom pratio njihove upere-
ne kažiprste, trudio se da pokažem zanimanje za ono što
mi predlažu otac majka tetke teče bake deke starija
braća starije sestre mlađa braća i sestre rođaci iz prvog
drugog trećeg kolena nastavnici nadzornici drugovi iz
škole drugovi s letovanja. Ali u stvarima takvim kakve
jesu nisam nalazio baš ništa posebno.

Ipak, možda su se iza tih stvari krile neke druge, a
one, one su itekako mogle da me zanimaju, štaviše, bu-
dile su moju radoznalost. Povremeno bih video kako se
pojavljuje nešto, ili neko, ili neka i odmah nestaje, ne
bih čestito stigao ni da prepoznam ta priviđenja a već
sam jurio za njima. Moju znatiželju budilo je naličje
svake stvari, naličje kuća, naličje vrtova, naličje ulica,
naličje gradova, naličje televizora, naličje mašina za
pranje sudova, naličje mora, naličje Meseca. Ali kad bih
dospeo do tog naličja, shvatio bih da je ono što tražim
zapravo naličje naličja, štaviše, naličje naličja naličja,
ne: naličje naličja naličja...

Fulđencio, šta radiš? Fulđencio, šta tražiš? Da li
tražiš nekoga, Fulđencio? Nisam znao šta da odgovorim.

Ponekad mi se činilo da u dnu ogledala, iza mog li-
ka, vidim neku priliku koju još ne bih stigao ni da pre-
poznam a ona bi se već sakrila. Pokušavao sam da u

ogledalu ne posmatram sebe već svet iza svojih leđa: ništa nije privlačilo moju pažnju. I upravo kad bih se spremio da skrenem pogled, evo je gde se pomalja s druge strane. Hvatao bih je uvek krajičkom oka tamo gde sam je najmanje očekivao, ali čim bih pokušao da je zarobim pogledom, odmah bi nestala. I pored svojih hitrih pokreta, to stvorenje je bilo nekako usporeno i meko kao da pliva pod vodom.

Ostavljao sam ogledalo i kretao u potragu za tačkom u kojoj sam video da je nestala. – Otilija! Otilija! – dozivao sam je, jer sam voleo to ime i mislio sam da devojka koja mi se sviđa ne može da se zove drugačije. – Otilija! Gde se kriješ? – Stalno sam imao utisak da je veoma blizu, tu ispred mene, ne: tamo, pozadi, ne: tamo, iza ugla, ali bih uvek stigao samo tren pošto bi ona već nestala. – Otilija! Otilija! – Međutim, da su me pitali: ko je Otilija? ne bih znao šta da kažem.

Fulđencio, treba da znaš šta hoćeš u životu! Fulđencio, ne možeš uvek biti u oblacima! Fulđencio, moraš sebi da postaviš neki cilj – težnju – odredište – metu – moraš ići prema tom cilju – moraš naučiti lekciju, moraš pobediti na konkursu, moraš mnogo da zarađuješ i mnogo da štediš!

Ja bih se okretao prema krajnjem cilju, usmeravao ka njemu sve svoje snage, kalio svoju volju, ali krajnji cilj bio je polazna tačka, moje snage bile su centrifugalne sile, moja volja je malaksavala. Davao sam sve od sebe, trudio sam se da naučim japanski, da dobijem diplomu astronauta, da pobedim na prvenstvu u dizanju tegova, da skupim milijardu u metalu od po sto lira.

Samo napred svojim putem, Fulđencio! A ja sam se spoticao. Fulđencio, ne skreći s puta koji si sebi zacrtao! A ja sam tumarao cikcak i teturao se napred-nazad. Sve prepreke preskači u jednom skoku, sine moj! A prepreke su se obrušavale na mene.

Na kraju sam se toliko obeshrabrio da mi više nisu pomagale ni grimase u ogledalu. Ogledalo više nije odražavalo moje lice a ni Otilijinu senku, već samo gomile kamenja razbacanog kao na mesečevoj površini.

Da bih osnažio svoju volju, počeo sam da vežbam gađanje lukom i strelom. Moje misli i moja dela trebalo je da postanu poput strelica koje šibaju kroz vazduh prateći nevidljivu liniju koja završava u jednoj određenoj tački, u centru svih centara. Ali, ja nisam imao cilj. Moje strelice nikada nisu pogađale metu.

Cilj mi je izgledao dalek kao neki drugi svet, svet satkan od strogih linija, jasnih boja, pravilan, geometrijski, skladan. Stanovnici tog sveta morali su da prave samo precizne pokrete, odsečne, čiste; za njih su morale da postoje samo prave linije, krugovi iscrtani šestarom, uglovi izvučeni pravouglim lenjirom...

Kada sam prvi put video Korinu shvatio sam da je taj savršeni svet stvoren za nju, a da sam ja još uvek isključen iz njega.

Korina je odapinjala strele i fijuuu! fijuuu! fijuuu! one su se jedna za drugom zabadale u centar.

– Jesi li ti neka šampionka?

– Svetska.

– Umeš da nategneš luk na razne načine i svaki put strela pogodi cilj. Kako to radiš?

– Ti misliš da sam ja ovde a cilj tamo. Ne: ja sam i ovde i tamo, ja sam ona koja nišani i ja sam cilj koji privlači strelu, ja sam strela koja leti i luk koji odapinje.

– Ne razumem.

– Ako i ti postaneš takav, shvatićeš.

– Mogu li i ja da naučim?

– Mogu da te naučim.

Na prvom času, Korina mi reče: – Da bi svom pogledu dao postojanost koja ti nedostaje, cilj moraš da gledaš dugo, uporno. Samo da ga gledaš, nepomično, sve dok se u njemu ne izgubiš, dok ne ubediš sebe da na svetu postoji samo taj cilj, i da si ti u centru centra.

Posmatrao sam cilj. On mi je uvek davao neki osećaj izvesnosti; ali sada, što sam ga više gledao, ta izvesnost je sve više ostavljala prostora sumnjama. U nekim trenucima činilo mi se da su crvena polja ispupčena u odnosu na zelena, a u drugim su mi pak zelena bila uzdignuta dok su crvena tonula nadole. Između linija su se pojavljivale razlike u visini, strmine, bezdani, centar je bio na dnu provalije ili na rogu planinskog vrha, krugovi su otvarali vrtoglave perspektive. Činilo mi se da će između linija crteža izaći neka šaka, ruka, osoba... Otilija! Odmah sam pomislio. Ali sam se trudio da što brže odagnam tu misao iz glave. Treba da pratim Korinu a ne Otiliju, čiji je lik bio dovoljan da rasprši metu poput mehura od sapunice.

Na drugom času, Korina mi reče: – Luk odapinje strelu kad se opusti, ali zato prethodno mora da bude dobro zategnut. Ako hoćeš da postaneš nepogrešiv kao luk, moraš da naučiš dve stvari: da se usredsrediš na sebe i da zaboraviš na bilo kakvu napetost.

Zatezao sam se i opuštao kao kakvo uže na luku. Činio sam fijuuu! ali zatim i fijuuuk! i fijuuuš! treperio sam kao kakva harfa, treperenje se pronosilo kroz vazduh, otvaralo džepove praznine iz kojih su nastajali vetrovi. Između fijuuuk! i fijuuuš! njihala se viseća mreža. Penjao sam se spiralno uvrćući se u prostor i video sam Otiliju kako se ljuljuška u mreži između arpeđa. Ali treperenje se umirivalo. Padao sam naglavce.

Na trećem času, Korina mi reče: – Zamisli da si strela i trči ka meti.

Trčao sam, prosecao vazduh, ubeđivao sebe da ličim na strelu. Ali te strele na koje sam ličio završavale su svuda osim tamo gde treba. Trčao sam da pokupim one koje su pale. Zalazio sam u pusta i kamenita prostranstva. Da li je to bila slika koju je odražavalo ogledalo? Da li je bio Mesec?

Među kamenjem sam nalazio svoje okrnjene strele, zabodene u pesak, iskrivljene, očerupane. A među njima je bila Otilija. Spokojno je šetala kao u kakvom vrtu, berući cveće i hvatajući leptirove.

Ja – Zašto si ovde, Otilija? Gde smo? Na Mesecu?

Otilija – Mi smo s naličja mete.

Ja – I sve pogrešno odapete strele završavaju ovde?
Otilija – Pogrešno? Nijedna strela nije pogrešno odapeta.
Ja – Ali one ovde nemaju šta da pogode.
Otilija – Ovde strele puštaju korenje i postaju šume.
Ja – Ne vidim ništa osim otpadaka, krhotina, komadića maltera..
Korina – Fulđencio! Gde si nestao? Meta!
Ja – Moram da te ostavim, Otilija. Ne mogu da ostanem s tobom. Moram da nišanim drugu stranu mete...
Otilija – Zašto?
Ja – Ovde je sve nepravilno, mutno, bezoblično...
Otilija – Pogledaj dobro. Priđi bliže, što bliže možeš. Šta vidiš?
Ja – Zrnastu, tačkastu, kvrgastu površinu.
Otilija – Prođi između kvrga, zrnaca, žilica. Naći ćeš kapiju jednog vrta, sa zelenim lejama i bistrim ribnjacima. Ja sam dole, na kraju.
Ja – Sve što dodirnem je hrapavo, suvo, hladno.
Otilija – Pređi polako rukom po površini. Paperjasti oblak mekan kao da je od šlaga...
Ja – Sve je jednoliko, muklo, zbijeno...
Otilija – Dobro otvori oči i uši. Osluhni komešanje i svetlucanje grada, prozora i osvetljenih izloga, i trube i zvonjavu zvonaca, i ljude bele i žute i crne i crvene, obučene u zeleno i plavo i narandžasto i šafransko žuto.
Korina – Fulđencio! Gde si!
Ali ja se više nisam mogao odvojiti od Otilijinog sveta, od grada koji je bio i oblak i vrt. Umesto da idu pravo, strele su se ovde vrtele oko sebe, duž nevidljivih linija koje su se uplitale i rasplitale, umotavale i razmotavale, ali su na kraju uvek pogađale metu, možda neku drugu umesto one očekivane.

Neobično je bilo ovo: što sam više shvatao da je svet složen vratoloman nerazmrsiv, to mi se više činilo da su stvari koje treba shvatiti malobrojne i jednostavne, i da sam ih razumeo sve bi mi bilo jasno kao linije nekog crteža. Poželeo sam da to kažem Korini, ili Otiliji, ali ih već neko vreme nisam viđao, ni jednu ni drugu, a neobično je bilo i ovo: često sam ih u svojim mislima zamenjivao.

Dugo vremena nisam se uopšte pogledao u ogledalo. Jednog dana, slučajno prolazeći pored njega, ugledao sam metu, sa svim onim lepim bojama. Nameštao sam se iz profila, iz polu profila i ništa: stalno sam video metu. – Korina! – uzviknuh. – Evo me, Korina! Pogledaj: onakav sam kakav si htela da budem! – Ali onda sam pomislio da ono što vidim u ogledalu nisam samo ja, već i svet, dakle Korinu je trebalo da tražim tamo, između onih linija u boji. A Otilija? Možda je i Otilija tamo, pojavljuje se i nestaje. A da se netremice zagledam u metu-ogledalo, koga bih video da izlazi iz koncentričnih krugova, Korinu ili Otiliju?

Ponekad mi se učini da je sretnem, jednu ili drugu, u metežu grada, i da hoće nešto da mi kaže, ali to se događa kad se dva voza podzemne železnice mimoilaze jureći u suprotnim pravcima, i Otilijin – ili Korinin? – lik krene mi u susret i nestane, a za njim promakne niz munjevitih lica uokvirenih prozorskim oknima, kao grimase koje sam nekada pravio u ogledalu.

KAZANOVINA SEĆANJA

1

Sve vreme svog boravka u ***, imao sam dve stalne ljubavnice: Kate i Ildu. Kate me je posećivala svakog jutra, Ilda posle podne; uveče sam odlazio u društvo i ljudi su se čudili što sam uvek sam. Kate je bila bujna, Ilda tanana; njihovim smenjivanjem obnavljao sam želju koja u jednakoj meri naginje i promenama i ponavljanju.

Pošto bi Kate izašla, sklanjao sam sve njene tragove; isto sam činio i posle Ilde; i mislim da mi je pošlo za rukom da nikada ne saznaju jedna za drugu, ni tada a možda ni kasnije.

Naravno, ponekad se dešavalo da pogrešim i kažem jednoj od njih nešto što bi imalo smisla samo ako se kaže onoj drugoj: „Danas sam kod cvećara našao ove minđušice, tvoje omiljeno cveće" ili „Nemoj opet da zaboraviš ogrlicu", izazivajući iznenađenje, bes, sumnju. Ali ovi banalni nesporazumi događali su se, ako me sećanje ne vara, samo na početku te dvostruke veze. Ubrzo sam naučio da potpuno razvojim te dve priče; svaka od njih je imala svoj tok, svoje razgovore i navike, i nikada se nisu mešale.

Na početku sam verovao (bio sam, kao što ste sigurno shvatili, veoma mlad, i nastojao sam da steknem iskustvo) da se ljubavno znanje može prenositi s jedne na drugu: obe su znale mnogo više od mene i ja sam mislio da tajnim veštinama koje sam učio od Ilde mogu da poducim Katu i obratno. Prevario sam se: samo sam zapetljavao ono što vredi jedino ako je prirodno i neposredno. Svaka od njih je bila svoj poseban svet, štaviše, posebno nebo na kojem sam ja imao da otkrijem položaje zvezda i planeta, orbite, pomračenja, inklinacije i konjugacije, solsticije i ravnodnevnice. Svaki taj nebeski svod kretao se prema nekom drugačijem mehanizmu i nekom drugačijem ritmu. Nisam mogao očekivati da na Ildino nebo primenjujem znanje iz astronomije koje sam stekao posmatrajući Katino nebo.

Ali moram reći da više nisam ni razmišljao da postoji mogućnost da biram između dva načina ponašanja: bio sam uvežban da se s Katom ophodim na jedan a s Ildom na drugi način; u potpunosti me je uslovljavala prijateljica koja je u tom času bila pored mene, tako da su se menjale čak i moje strasti i moje mušice. U meni su se smenjivala dva ja; i više nisam umeo da kažem koje ja sam bio zaista ja.

Ovo što sam rekao važi jednako i za telo i za duh: reči upućene jednoj od njih nisu mogle da budu ponovljene onoj drugoj, i ubrzo sam primetio da moram da menjam i svoje misli.

Kad mi dođe volja da pričam i počnem da se prisećam neke od mnogih zgoda i nezgoda iz mog pustolovnog života, obično koristim one verzije koje sam već isprobao u društvu, s delovima koji se ponavljaju doslovno, s proračunatim efektima u vidu pauza i digresija. Ali izvesna hvalisanja, koja su uvek nailazila na odobravanje kod nekih grupa nepoznatih ili ravnodušnih ljudi, nikada nisu prolazila kad bih se našao u četiri oka sa Katom ili Ildom, osim ako ih prethodno ne bih prilagodio. Određeni način izražavanja koji je Kate uzimala zdravo za gotovo, s Ildom je zvučao promašeno; duhovite dosetke koje je Ilda hvatala u letu i uzvraćala, Kati sam morao potanko da objašnjavam, dok je ona pak odgovarala na neke druge koje su Ildu ostavljale sasvim ravnodušnom; a ponekad se, u zavisnosti od toga da li je Ilda ili Kata, menjao i zaključak koji je trebalo izvući iz nekog događaja pa sam bio prinuđen da svoja pripovedanja završavam drugačije. Na taj način sam polako gradio dve različite priče o svom životu.

Svakog dana prepričavao sam Kati i Ildi ono što sam video i čuo obilazeći prethodne večeri sastajališta i skupove u gradu: ogovaranja, predstave, važne ličnosti, modne novosti, neobične pojave. U svom prvom periodu beslovesne neotesanosti, onu istu priču koju bih ujutru ispričao Kati, poslepodne sam od reči do reči ponavljao Ildi: verovao sam da tako štedim maštu koja se mora stalno koristiti da bi se održala pažnja. Vrlo brzo sam shvatio da isti događaj ili zanima jednu od njih ali ne i onu drugu, ili, ako zanima obe, onda su pojedinosti o kojima su se raspitivale bile potpuno različite kao što su bile različite opaske i mišljenja koja su na osnovu njih sledila.

Bio sam, dakle, prinuđen da iz jedne iste misli stvorim dve sasvim različite priče: i ni po jada da je samo to; nego sam još svake večeri na dva različita načina morao da proživljavam zbivanja o kojima ću im sutradan pričati: sve stvari i osobe posmatrao sam i kroz Katinu i kroz Ildinu prizmu, i o svemu sam sudio i prema Katinim i prema Ildinim kriterijumima; u razgovore sam se uključivao sa dva odgovora na nečije izlaganje, jednim koji će se svideti Ildi, a drugim Kati; svaki od njih je za sobom povlačio nove protivodgovore na koje sam morao da se odazovem opet na dva različita načina. To udvajanje u meni nije se javljalo kada sam se nalazio u društvu jedne od njih, već pre svega kada su one bile odsutne.

Moja duša je postala bojno polje dveju žena. Kate i Ilda, koje se u spoljašnjem životu nisu poznavale, neprestano su se, licem u lice, otimale oko teritorije u meni, tukle se, čerupale. Ja sam postojao samo da bi u meni vodile svoju bitku ostrvljenih protivnica, o kojoj one nisu znale ništa.

To je bio pravi razlog koji me je nagnao da nenadano odem iz *** i da se tamo nikada više ne vratim.

2

Irma me je privlačila zato što me je podsećala na Dirče. Seo sam pored nje: bilo je dovoljno da se tek neznatno okrene ka meni i rukom pokrije lice (govorio sam joj nešto šapatom: ona se smejala) pa da se privid da je pored mene Dirče pojača. Privid je budio sećanja, sećanja želje. Da bih te želje nekako preneo Irmi, uhvatio sam je za ruku. Dodir i njen trzaj otkrivali su mi kakva je, drugačija. Taj utisak je preovladao nad onim drugim, mada ga nije izbrisao, pokazujući se u suštini kao vrlo prijatan. Shvatio sam da bih iz Irme mogao izvući dvostruko zadovoljstvo: da kroz nju pratim izgubljenu Dirče, i da se prepustim iznenađenju koje donosi otkrivanje neznanog bića.

Svaka želja ostavlja u nama neki otisak, liniju koja se penje, talasa i ponekad nestane. Samo trenutak pre nego što se ugasi, linija koja je u meni budila uspomenu na odsutnu ženu mogla je da se ukrsti sa linijom radoznalosti prema prisutnoj ženi i da prenese svoje ushićenje na taj otisak koji tek treba da bude ostavljen. Vredelo je truda sprovesti taj naum u delo: usmerio sam svu svoju pažnju ka Irmi, sve dok je nisam ubedio da mi pod plaštom noći dođe u odaje.

Ušla je. Pustila da plašt sklizne na pod. Nosila je tanku belu košulju od muslina, koja zadrhta na vetru (pošto je bilo proleće i prozor otvoren). U tom trenu shvatio sam da mojim osećanjima i mojim mislima upravlja neki drugačiji mehanizam od onog očekivanog. Irma je bila ta koja je zaokupila svu moju pažnju, jedinstvena i neponovljiva Irma, telo i glas i pogled, a sve one sličnosti sa Dirče, koje bi povremeno iskrsavale u mojim mislima, samo su mi smetale, te sam nastojao da ih što pre izbacim iz glave.

Tako je moj susret sa Irmom postao borba sa Dirčinom senkom koja se neprestano uvlačila između nas, i svaki put kada bih pomislio da najzad počinjem da shvatam Irminu neuhvatljivu suštinu, da sam među nama uspostavio prisnost koja isključuje bilo koju drugu osobu ili misao, evo kako Dirče, moje već proživljeno iskustvo, urezuje svoj otisak u ono što upravo tad proživljavam i ne dopušta mi da to osetim kao nešto sasvim novo. Sada su Dirče, sećanje na nju i njen odraz, izazivali u meni samo osećaj neprijatnosti, prisile, dosade.

Zora je ulazila kroz pukotine u oštrim zracima bisernosive svetlosti, kad sam nesumnjivo shvatio da moja noć provedena s Irmom nije ova noć koja se upravo završava već neka druga slična njoj, noć koja tek treba da dođe, kada u nekoj drugoj ženi budem tražio sećanje na Irmu i patio najpre zato što sam je ponovo našao i opet izgubio, a onda zato što ne mogu da je se oslobodim.

3

Tuliju sam sreo posle dvadeset godina. Slučaj koji nas je nekada spojio i razdvojio u trenutku kada smo shvatili da se dopadamo jedno drugom, napokon nam je dopustio da svoju priču nastavimo tamo gde je prekinuta. „Nisi se nimalo promenila-promenio", rekli smo jedno drugom. Da li smo lagali? Ne sasvim: „Ja se nisam promenila-promenio" bilo je ono što smo i ja i ona hteli da stavimo do znanja meni i njoj.

Priča je ovoga puta imala nastavak koji smo oboje očekivali. Tulijina zrela lepota isprva je zaokupila svu moju pažnju, i tek kasnije sam se usmerio na to da ne zaboravim Tuliju iz mladosti, pokušavajući da ih nekako povežem. I tako, u jednoj igri koja je počela sama od sebe dok smo razgovarali, pretvarali smo se da je naš rastanak trajao dvadeset četiri sata a ne dvadeset godina, i da se ono čega se sećamo dogodilo juče. Bilo je lepo ali nije bilo istinito. Kad bih pomislio na tadašnjeg sebe i tadašnju nju, preda mnom bi iskrsnula dva tuđinca; oni su u meni budili naklonost, beskrajno mnogo ljubavi, nežnost, ali svaka slika o njima koju bih uspeo da zamislim nije imala nikakve veze s onim što smo Tulija i ja sada.

U nama je, naravno, ostao neki žal za onim starim, prekratkim susretom. Je li to bio prirodni žal za mladošću koja je prošla? Ali, u svom stanju trenutnog blaženstva činilo mi se da nemam ni za čim da žalim; a i Tulija, ona koju sam upravo otkrivao, takođe je bila suviše obuzeta sadašnjim trenutkom da bi se prepustila čežnji. Žal za onim što tada nismo mogli da imamo? Možda delimično, ali ne u potpunosti: jer (opet u stanju jedinstvenog ushićenja zbog onoga što nam sadašnjost upravo pruža) činilo mi se (možda greškom) da bi ta naša želja, da je odmah bila zadovoljena, verovatno oduzela nešto našem današnjem užitku. U krajnjem slučaju, žal se odnosio na ono što su to dvoje mladih nesrećnika, to dvoje „drugih“, izgubili a što postalo deo ukupnog zbira gubitaka koje svet u svakom trenutku trpi i ne nadoknađuje. S visine do koje nas je uznelo naše iznenadno bogatstvo, udostojili smo se da spustimo jedan sažaljivi pogled na izopštene: sasvim proračunato osećanje, jer nam je pomagalo da još više uživamo u svojoj povlastici.

Iz moje priče sa Tulijom mogu da izvučem dva oprečna zaključka. Može se reći da naš ponovni susret briše naš rastanak od pre dvadeset godina, brišući tako gubitak koji smo pretrpeli; kao što se s druge strane može reći da zahvaljujući njemu taj gubitak postaje konačan, beznadan. Ono dvoje (ona tadašnja Tulija i onaj tadašnji ja) rastali su se zauvek i više se nikada neće sresti, i uzalud će tražiti pomoć od današnje Tulije i današnjeg mene, koji su ih (bezgranična je sebičnost srećnih ljubavnika) već sasvim zaboravili.

4

Druge žene pamtim po pokretu, načinu govora, boji glasa, koji čine celinu sa suštinom ličnosti i izdvajaju je kao svojevrstan potpis. Ali ne i Sofiju. Hoću reći, mnogo je stvari po kojima je pamtim, možda previše: kapci, gležnjevi, jedan pojas, miris, mnoštvo strasti i opsednutosti, pesme koje je znala, jedna mračna ispovest, nekoliko snova; sve one stvari koje moje sećanje još uvek čuva vezujući ih za nju, ali kojima je suđeno da nestanu jer ne nalazim onu nit koja ih spaja i ne znam koja od njih sadrži pravu Sofiju. Između dve pojedinosti nalazi se praznina; i kad se uzmu jedna po jedna, mogle bi se pripisati njoj isto kao i nekoj drugoj. Što se tiče bliskosti među nama (viđali smo se više meseci u tajnosti), sećam se da je svaki put bila drugačija, i ono što bi za nekoga poput mene, ko strahuje da ga navika ne otupi, trebalo da bude vrlina, sada predstavlja manu, jer zaista se ne sećam šta me je to nagonilo da svaki put tražim upravo nju. Jednom rečju, ne sećam se baš ničega.

Možda sam ja na početku samo želeo da shvatim da li mi se ona dopada ili ne: stoga sam je pri našem prvom susretu saleteo nizom pitanja, uz to nametljivih. Ona me je pak posle svakog pitanja, premda je mogla da se odbrani, zasipala takvom količinom nepovezanih i zbunjujućih objašnjenja i otkrića i nagoveštaja, da sam u svom pokušaju da je pratim i upamtim sve što mi priča, polako gubio nit. Ishod: kao da mi ništa pod milim bogom nije rekla.

U želji da uspostavim komunikaciju nekim drugačijim jezikom, odvažio sam se da je pomilujem. U trenutku kad bi neki deo Sofijinog tela izmicao mojoj ruci, njeni pokreti, usmereni da obuzdaju i odgode moj napad, ako ne i da ga odbiju, vodili su moje prste ka nekom drugom delu, tako da mi je ljubavna igra napada i odbrane u stvari pružala mogućnost da izvidim njeno telo, delimično ali podrobno. Jednom rečju, podaci prikupljeni dodirom nisu bili ništa manje izdašni od onih koje je zabeležilo čulo sluha, mada jednako nedosledni.

Nije nam ostalo ništa drugo nego da što pre upotpunimo svoje poznanstvo u svakom smislu. No da li je žena koja se preda mnom oslobađala one vidljive kao i one nevidljive odeće, koju dostojanstvu nameću običaji, bila jedna jedina ili mnoštvo žena zajedno? I koja me je od njih privlačila, a koja odbijala? Ne bi prošao nijedan susret a da u Sofiji nisam otkrio nešto neočekivano i bilo mi je sve teže da odgovorim na ono prvo pitanje koje sam sebi postavio: da li mi se dopada ili ne? Prebirajući danas po sećanju, javlja mi se još jedna sumnja: ili sam ja taj koji nije u stanju da razume ženu ako ona ništa ne krije o sebi; ili je Sofija, otkrivajući se tako neštedimice, u stvari primenila lukavu taktiku kako bi me sprečila da je zarobim. I kažem sebi: od svih njih upravo je ona uspela da mi umakne, kao da je nikada nisam imao. A jesam li je zaista imao? I onda se pitam: a koga sam zaista imao? I onda opet: imati koga? šta? šta to znači?

5

Fulviju sam upoznao u pravom trenutku: slučaj je hteo da ja budem prvi čovek u njenim nežnim godinama. Nažalost, ovaj blaženi susret bio je osuđen da traje kratko; okolnosti su mi nametale da napustim grad; moja lađa je već bila u sidrištu; polazio sam narednog dana. Oboje smo bili svesni da se više nikada nećemo videti, kao i da je to deo utvrđenog i neizbežnog poretka stvari; i tako smo tugu, u različitoj meri prisutnu u meni i u njoj, krotili, takođe u različitoj meri, razumom. Fulvija je naslućivala prazninu koju će osetiti kada se naša tek započeta navika bude prekinula, ali i slobodu koja se pred njom otvarala i višestruke mogućnosti koje će se odatle ukazati; ja sam, međutim, bio spreman da događaje iz svog života smestim u jednu sliku u kojoj sadašnjost dobija svetlost i senku iz budućnosti: za koju sam već slutio kako će se razvijati do poslednjeg trenutka; a što se nje tiče, unapred sam znao da će se potpuno ostvariti u svojoj sklonosti ka ljubavnim avanturama u čijem sam buđenju i sam učestvovao.

I dok smo tako odugovlačili te poslednje trenutke pred rastanak, nisam mogao a da sebe ne vidim samo kao prvog u jednom dugačkom nizu ljubavnika koje će Fulvija svakako imati, i da ne preispitam ono što se dogodilo među nama u svetlu njenih budućih iskustava. Bilo mi je jasno da će ona žena u koju će Fulvija stasati za nekoliko godina, pamtiti i procenjivati svaku pa i najmanju pojedinost jedne ljubavi koju je ova Fulvija proživela s bezrezervnim predavanjem. U ovom trenutku, sve što je dolazilo od mene Fulvija je prihvatala ne sudeći o tome: ali već sutra, koje nije tako daleko, moći će da me uporedi s drugim muškarcima; svako sećanje na mene ona će sravnjivati, vrednovati, procenjivati. Pred sobom sam još uvek imao neiskusnu devojku koja je u meni videla vrhunac svega što se može spoznati, ali sam u isto vreme osećao kako me posmatra ona sutrašnja Fulvija, zahtevna i probuđena iz zanosa.

Prvo što sam osetio bio je strah od tog upoređivanja. Imao sam utisak da će Fulvijini budući muškarci umeti da u njoj probude želju da se slepo zaljubi, što ja nisam uspeo. Pre ili kasnije, Fulvija će prosuditi da nisam bio dostojan sreće koja me je snašla; sećanje na mene živeće u njoj zahvaljujući razočaranju, sarkazmu. Zavideo sam svojim nepoznatim naslednicima, osećao sam da su već tu, pred vratima, spremni da mi otmu Fulviju, mrzeo sam ih, a već sam mrzeo i nju zato što ju je usud namenio njima...

Da bih izbegao to mučenje, preokretao sam tok svojih misli i sa samoocrnjivanja prelazio na samohvalu. Nije mi palo teško: po naravi sam pre sklon visokom mišljenju o sebi. Fulvija je imala nezamislivu sreću što sam ja bio prvi koga je upoznala; ali pošto sam sad već postao njen uzor, doživeće surova razočaranja. Svi drugi muškarci koje bude srela posle mene delovaće joj kao neotesane mlakonje, tupoglavci i zamlate. U svojoj prostodušnosti sigurno je verovala da su moje vrline naveliko prisutne među jedinkama moga pola; morao bih je upozoriti da ako u ostalima bude tražila ono što je našla u meni neće iskusiti ništa osim razočaranja. Drhtao sam od užasa pri pomisli da bi nakon jednog tako srećnog početka Fulvija mogla pasti u nedostojne ruke koje će je uvrediti, ozlediti, poniziti. Mrzeo sam ih sve do jednog; na kraju sam mrzeo i nju jer ju je sudbina otimala od mene osuđujući je na nedostojne veze.

Kako god bilo, mislim da je to što me je obuzelo u stvari bila ona strast koju su ljudi često pominjali kao „ljubomoru", bolest duše na koju sam, po mom uverenju, zbog svih okolnosti postao otporan. Pošto sam ustanovio da sam ljubomoran, nije mi preostajalo ništa drugo nego da se ponašam u skladu sa tim. Obrušio sam se na Fulviju; rekao sam da ne mogu da podnesem njen spokoj pred rastanak; optužio sam je da jedva čeka da me prevari; bilo je to nepravedno prema njoj, i surovo. Ali je ona izgleda mislila (svakako zbog svog neiskustva) da je moja promena raspoloženja prirodna i nije se zbog toga previše brinula. Zdravorazumski me je posavetovala da ono malo vremena koje nam je preostalo ne trošim uludo na suvišne optužbe.

Bacio sam se tad na kolena pred njom, kumio je da mi oprosti, da gorko ne proklinje uspomenu na mene, jednom kada bude srela saputnika dostojnog sebe; ja se nisam nadao većoj milosti osim da budem zaboravljen. Gledala me je kao da sam sišao s uma; o onome što se desilo među nama dopuštala je da se govori samo u najlepšem svetlu; u suprotnom, rekla je, kvari se utisak.

To je bilo dovoljno da mi vrati samopouzdanje, ali sam tad počeo da žalim Fulviju zbog njene buduće sudbine: svi ti drugi muškarci bili su bezvredni; morao sam da je upozorim da se onaj vrhunac zadovoljstva koji je osetila sa mnom više nikada neće ponoviti ni sa kim. Odgovorila mi je da i ona mene žali, jer naša sreća potiče od nje i mene zajedno, a kada se budemo rastali izgubićemo je oboje; u svakom slučaju, ako želimo da je što duže sačuvamo, treba potpuno da se prepustimo njenom sveobuhvatnom prožimanju i da ne pokušavamo da je objasnimo posmatrajući je sa odstojanja.

Zaključak do kojeg sam došao sa odstojanja, dok je ona stajala na keju a ja joj mahao maramicom sa broda koji podiže sidro, izgleda ovako: iskustvo koje je Fulvija proživljavala sve vreme dok je bila sa mnom nije bilo otkrivanje mene niti otkrivanje ljubavi ili muškaraca, nego sebe; čak i kada ja odem to otkrivanje, sad već započeto, neće se više nikada završiti; ja sam bio samo njegovo oruđe.

POSLEDNJI KANAL

Moj palac se spušta nezavisno od moje volje: s vremena na vreme, u nepravilnim razmacima, osećam potrebu da pritisnem, da zgnječim, da oslobodim neki iznenadni nagon, poput kakvog metka; ako je to ono što su hteli da kažu kada su utvrdili moju smanjenu uračunljivost, ispravno su zaključili. Ali greše ako veruju da u mom ponašanju nije bilo nikakvog plana, nikakve jasne namere. Tek sada, u prigušenom i staklastom spokoju ovog bolničkog sobička, mogu da poreknem sve ono što sam morao da slušam na suđenju, sve one nelogičnosti koje su mi tad pripisivali i tužilac i odbrana. Ovim podsetnikom koji ću, nadam se, dostaviti sudijama žalbenog suda, premda su moji branioci rešeni da me u tome spreče po svaku cenu, nameravam da ponovno utvrdim istinu, jedinu moguću istinu, onu svoju, ako neko uopšte bude u stanju da je razume.

I lekari tumaraju u mraku, ali barem blagonaklono gledaju na moju nameru da pišem i dali su mi ovu mašinu i ovaj paket hartije: smatraju da to predstavlja napredak do kojeg je došlo zato što sam zatvoren u sobi bez televizora a prestanak grčenja ruke pripisuju tome što su mi oduzeli mali predmet koji sam stezao kada su me uhapsili i koji sam uspeo (sva ona grčenja što su se javljala kad god su pokušali da mi ga otmu iz ruke nisu bila nameštena) da zadržim sve vreme pritvora, istrage, suđenja. (Kako bih inače mogao da objasnim – osim ako ne pokažem da je predmet izvršenja krivičnog dela po-

113

stao deo mog tela – ono što sam učinio i – mada nisam uspeo da ih ubedim – zašto sam to učinio?)

Prvo pogrešno mišljenje koje su stvorili o meni je da moja pažnja ne može da prati suvislo smenjivanje slika duže od nekoliko minuta, da moj um uspeva da uhvati samo odlomke priče i razgovora koji nemaju ni početak ni kraj, sve u svemu, da se u mojoj glavi prekinula ona osnovna nit koja vezuje sve stvari na svetu. Nije tačno, a dokaz koji iznose u prilog svoje teze – način na koji satima nepomično sedim ispred upaljenog televizora ne prateći nijedan program, i skačem s kanala na kanal pod pritiskom jednog kompulzivnog grča – može da pokaže upravo suprotno. Ja sam uveren sam da u zbivanjima u svetu postoji neki smisao, da u ovom trenutku negde upravo teče jedna suvisla i nadahnuta priča sa čitavim svojim nizom uzroka i posledica, koju možemo lako proveriti, i da ona sadrži ključ za prosuđivanje i razumevanje svega ostalog. I upravo me to uverenje drži prikovanog ispred ekrana u koji neumorno piljim zamućenim pogledom dok se na mahnito škljocanje daljinskog upravljača pojavljuju i nestaju intervjui s ministrima, zagrljaji ljubavnika, reklame za dezodoranse, rok koncerti, uhapšeni koji kriju lice, lansiranja svemirskih raketa, puškaranja na Divljem Zapadu, akrobacije plesačica, boks mečevi, kvizovi, dvoboji samuraja. Ako se ne zadržavam ni na jednom od tih programa to je zato što ja tražim neki sasvim drugi, i znam da takav program postoji, siguran sam da nije nijedan od tih koji promiču preda mnom, uostalom njih prikazuju samo da bi obmanuli i obeshrabrili sve koji su kao i ja ubeđeni da je taj *drugi* program u stvari ono što je bitno. Zbog toga i dalje prebacujem s jednog kanala na drugi: ne zato što moj um više nije sposoban da se dovoljno usredsredi kako bi pratio neki film ili razgovor ili trku konja. Naprotiv: sva moja pažnja usmerena je na nešto što ne smem nikako da propustim, nešto jedinstveno što nastaje upravo u ovom trenutku dok je moj ekran još pretrpan suvišnim i izmenjivim slikama, nešto što je sigurno već počelo i

114

čiji sam početak svakako propustio a ako ne požurim postoji opasnost da propustim i kraj. Moj prst skakuće po tastaturi za biranje programa odbacujući ljušture isprazne spoljašnjosti kao preklopljene ljuske jedne raznobojne glavice luka.

Za to vreme *pravi* program putuje kroz etar na meni neznanoj frekvenciji, možda će nestati u svemiru a ja ga nikada neću uhvatiti: postoji neka nepoznata stanica koja prenosi jednu priču u vezi sa mnom, *moju* priču, jedinu priču koja može da mi objasni ko sam, odakle dolazim i kuda idem. Jedini odnos koji u ovom trenutku mogu da uspostavim sa svojom pričom je odnos odricanja: da ne prihvatam druge priče, da odbacujem sve lažne slike koje mi se nude. To pritiskanje dugmića je moj most, veza koju želim da uspostavim sa onim drugim mostom što se lepezasto otvara u prazno i za koji moje hvataljke nikako ne mogu da zakače: dva nepotpuna luka elektromagnetnih impulsa koji se ne spajaju i gube se u prašini jednog srušenog sveta.

I desilo se da sam upravo tada, kada mi je to postalo jasno, prestao da mašem daljinskim upravljačem u pravcu ekrana i počeo da ga okrećem prema prozoru, u pravcu grada, njegovih svetlosti, neonskih natpisa, pročelja nebodera, u pravcu piramida na krovovima, nosećih konstrukcija kranova s dugačkim gvozdenim kljunom, oblaka. Onda sam izašao na ulice s daljinskim koji sam krio ispod ogrtača, držeći ga uperenog poput kakvog oružja. Na suđenju su rekli da mrzim grad i da želim da nestane, da sam potaknut rušilačkim nagonom. Nije tačno. Volim, uvek sam voleo naš grad, njegove dve reke, retke male trgove s drvećem poput senovitih jezera, mučno maukanje sirena ambulantnih kola, vetar koji neprekidno šiba niz avenije, izgužvane novine koje lete po zemlji kao umorne kokoške. Znam da bi naš grad mogao biti najsrećniji na svetu, znam da je srećan, ne ovde, na talasnoj dužini na kojoj se ja krećem, već na drugoj frekvenciji, gde grad u kojem sam živeo čitavog svog života napokon postaje meni blisko prebivalište. Taj sam kanal pokušavao da nađem svaki put kad bih uperio daljinski u svetlucave izloge draguljarnica, veličanstvena pročelja banaka, baldahine i kružna vrata velikih hotela: moje pokrete vodila je želja da u jednoj priči, koja je i moja, spasem sve priče ovoga sveta, a ne preteća i opsesivna zlonamernost za koju sam optužen.

Svi su tumarali u mraku: policija, sudije, psihijatrijski veštaci, advokati, novinari. „Uslovljen kompulzivnom potrebom da neprestano menja kanale, jedan televizijski gledalac je poludeo i zamišlja da menja svet pritiskom na daljinski": ovo je obrazac koji je s naznatnim izmenama poslužio za određivanje mog slučaja. Ali psihološki testovi uvek su isključivali mogućnost da se u meni krije buntovnička priroda; a moj stepen prihvatanja programa koji se trenutno prikazuju ne razlikuje se mnogo od proseka gledanosti. Menjajući kanale, ja možda nisam tražio korenitu promenu svih programa nego nešto što bi svaki od tih program mogao da prenosi da ga nije već nagrizao crv koji iskrivljuje sve stvari u mom okruženju.

Onda su smislili drugu teoriju koja će mi, kažu oni, pomoći da se urazumim; štaviše, smatraju da je ona nesvesna kočnica koja me je sprečila da počinim krivična dela na koja sam, po njihovom sudu, bio spreman, u stvari proizvod činjenice da sam se u to sâm ubedio. To je teorija prema kojoj svakako postoji menjanje kanala s tim što je program uvek isti ili kao da je isti, bilo da se daje film ili vesti ili reklame, poruka je na svim stanicama jednaka jer su sve stvari i svi ljudi deo jednog sistema; čak i izvan ekrana, sistem se uvlači u svaku poru i ostavlja prostor samo za prividne promene; znači sasvim je svejedno da li ja previše mašem svojim daljinskim ili sedim s rukama u džepovima, jer od sistema zapravo nikada neću uspeti da pobegnem. Ne znam da li oni koji podržavaju ove ideje zaista veruju u njih ili samo žele da me na taj način uvuku u priču; u svakom slučaju, na mene nikada nisu delovale s obzirom da ne mogu da poljuljaju moj stav o tome šta je suština stvari.

Ono što je za mene važno u svetu nisu sličnosti već razlike: razlike koje mogu biti velike ili male, malecne, možda neprimetne, ali ono što je važno je upravo to da ih pustimo da isplivaju na površinu i da ih suočimo. Znam i ja da se pri prebacivanju s kanala na kanal stiče utisak da je sve isto; a znam i da su životne sudbine uslovljene nuždom koja im ne dopušta da se menjaju više nego što je potrebno: ali upravo u tom malom pritisku na dugme leži tajna, varnica koja pokreće čitavu mašineriju posledica, i zbog toga razlike posle postaju primetne, velike, ogromne, čak beskrajne. Gledam stvari oko sebe, potpuno iskrivljene, i čini mi se da bi i najmanja sitnica bila dovoljna, neka greška izbegnuta u određenom trenutku, jedno da ili jedno ne koje bi dovelo do sasvim drugačijih posledica, ne narušavajući pri tom opštu sliku stanja. Te stvari tako jednostavne i prirodne, da sam uvek imao utisak kako će se evo svakog časa otkriti: takvo razmišljanje i pritiskanje dugmića za biranje programa bilo je jedna ista celina.

S Volumnijom mi se učinilo da sam najzad pogodio pravi kanal. I zaista, na početku naše veze, ostavio sam daljinski na miru. Kod nje mi se sve dopadalo, frizura s punđom boje duvana, njen dubok glas, pumperice i čizme sa šiljastim vrhom, strast koju sam i sam delio prema buldozima i kaktusima. Čak i njeni roditelji bili su prijatno osveženje, mesta gde su ulagali u nekretnine i gde su provodili okrepljujuće dane odmora, osiguravajuće društvo u kojem mi je Volumnijin otac obećao kreativan posao i partnerstvo posle našeg venčanja. Pokušavao sam da izbacim iz glave sve sumnje, primedbe, pretpostavke koje nisu vodile u željenom pravcu, a kad sam shvatio da se uporno i stalno vraćaju, počeo sam da se pitam da li bi te male razmirice, nesporazumi, poteškoće koje su mi dotad izgledale kao neka trenutačna i beznačajna pomračenja, mogle da se tumače kao predznak budućnosti, odnosno da li naša sreća u sebi nosi pritajeni osećaj usiljenosti i dosade koji se u nama javlja dok gledamo neku lošu telenovelu. Pa ipak nikada nisam prestao da verujem da smo Volumnija i ja rođeni jedno za drugo: možda se na nekom drugom kanalu neki nama istovetan par, koji je sudbina samo malo drugačije darovala, spremao za jedan sto puta privlačniji život...

U takvom sam, eto, raspoloženju tog jutra podigao ruku s daljinskim upravljačem i usmerio ga ka ukrasnoj korpi s belim kamelijama, ka šeširiću Volumnijine majke s plavim grozdom, biseru na plastronskoj kravati njenog oca, epitrahilju obrednog sveštenika, nevestinom velu izvezenom srmom... U trenutku kada su svi prisutni očekivali moje „da", taj pokret je bio pogrešno protumačen: pre svega od strane Volumnije, koja u tome videla odbijanje, nepopravljivu uvredu. A ja sam samo hteo da pokažem da se tamo, na tom drugom kanalu, Volumnijina i moja priča odvija daleko od bliceva fotoaparata i vatrometa zvuka koji se rasprskava iz orgulja, ali s mnoštvom nekih drugih detalja koji su je približavali mojoj i njenoj istini...

Možda naša priča na tom kanalu izvan svih kanala nije gotova. Volumnija me i dalje voli, dok ovde, u svetu u kojem ja živim, nisam stigao da joj objasnim svoje razloge: nije više želela da me vidi. Nikada se nisam oporavio od tog nasilnog raskida; i od tada sam eto počeo s tim životom koji su novine opisivale kao život ludaka bez stalnog boravišta, koji tumara gradom naoružan svojom neumesnom alatkom... Međutim, moje rasuđivanje nikada nije bilo bistrije nego tada: shvatio sam da moram da krenem od vrha: ako stvari idu naopako na svim kanalima, mora da postoji neki poslednji kanal koji nije kao drugi, gde vlastodršci, možda vrlo slični ovima, ali s nekom tananom razlikom u naravi, u mentalitetu, u problemima savesti, mogu da zaustave otvaranje pukotina u temeljima, međusobno nepoverenje, srozavanje međuljudskih odnosa...

Ali policija me je već odavno držala na oku. I tog dana kada sam se, videvši kako iz kola izlaze protagonisti velikog susreta Šefova Država, probio kroz okupljenu masu sveta i ušunjao kroz staklena vrata zgrade, usred kordona službe bezbednosti, nisam stigao ni da podignem ruku a već su svi bili skočili na mene odvlačeći me odatle, ma koliko sam se ja bunio da nisam hteo da prekinem svečanost već samo da vidim šta daju na drugom kanalu, iz radoznalosti, samo na nekoliko sekundi.

PRIČE ITALA KALVINA

Volimo Kalvina kao romanopisca, kao kombinatoričkog fantastu i esejistu (ko da, recimo, zaboravi njegova neuporediva «američka predavanja», zapravo eseje o šest svojstava neophodnih narativnoj umetnosti, namenjenih sledećem milenijumu), volimo ga i kao pripovedača. U pričama vidimo kuda se i kako sve pisac kretao, od ralizma do fantastike, od političkih i društvenih zapleta do duhovnih čudesa na ovom i svim ostalim svetovima. Da, Italo Kalvino je najpre započeo kao realistički pripovedač. Pošto je bio italijanski partizan, na severu Italije, u borbi protiv musolinijevskog fašizma i nemačkih osvajača, prve teme njegovih ranih priča upravo su s tog područja. Zatim, polovinom pedesetih godina dvadesetog veka, evo njega na drukčijem putu. Još kao urednik u izdavačkoj kući, priređujući antologiju italijanskih bajki, njegova imaginacija se pokazala kao bajkovna. Na to će ga upozoriti pesnik Čezare Paveze. Premda su to bile od početka, njegove priče bivaju sve vidljivije bajkolike, a onda su krenule i u fantastičku pustolovinu, u modernu avanturu, ali i postmodernu, sudeći po sve bogatijoj osobenoj ironiji njegove mašte i njegovih spisateljskih tvorevina čija invencija nas opija. Sve je to sad i nama očigledno sa ovim presekom kroz celu istoriju Kalvinovog pripovedanja, sa ovim izabranim pričama, dosad nepoznatim srpskom čitaocu. Rekli bismo da je u ovoj zbirci očigledno kako je čarobnjak jedared bio učenik, a naposletku postao pravi čarobnjak, pri čemu vrednost zbirke nije u nekom čisto arheološkom razlogu. Kalvinove priče, iz kojeg

Kalvinove priče, iz kojeg god da su razdoblja njegovog pisanja, uvek nose njegov neponovljiv pečat koji se odlikuje elegancijom i humorom. Mada je njegovo delo tokom vremena postajalo sve većma obeleženo izvesnim formalizmom, pod uticajem semiotičkih istraživanja (poznato je Kalvinovo prijateljstvo s Rolanom Bartom), s jedne, i ideja grupe *Radionica za potencijalnu književnost*, okupljene oko Remona Kenoa (s kojim je Kalvino takođe prijateljevao), ono je na magičan način očuvalo u sebi realističku venu. Stari realizam bio je oplemenjen novom fantastikom. Nekadašnji politički angažman evoluira u velelepni književni hermetizam koji skrovitim putevima opšti sa svim što nam se događalo i što nam se događa. A pri svemu tome, Kalvinovo pripovedanje sve bliže čitaocima. U tom paradoksu je i rešenje Kalvinovog čarobnjaštva.

Ovo su priče o ljubavi i odsutnosti, o ljubavi i usamljenosti, tako je sam autor gledao na većinu od ovde zastupljenih priča. A nije li isti pogled prisutan i u zbirci *Palomar*, koja je na pola puta između romana i eseja, između priča i eseja!? *Palomar* je, međutim, nastao potkraj Kalvinovog života. I tako je luk završen. Sve vreme pričamo o istom, ali na hiljadu različitih načina. Kod Kalvina je svaki od tih načina obeležen posebnim mirisom, posebnim ukusom, i mi uživamo u tom podrumu najboljih vina, u toj galeriji malih događaja koje je pisac pretvorio u čudo velikog života. Da to bude čudo i u srpskom jeziku, zahvaljujemo i prevodiocu Elizabeti Vasiljević.

SADRŽAJ

Izdavačko preduzeće
RAD
Beograd, Dečanska 12
*
Glavni urednik
NOVICA TADIĆ
*
Grafički urednik
MILAN MILETIĆ
*
Nacrt za korice
JANKO KRAJŠEK

Digitalizacija slova i korice
DARKO STANIČIĆ
*
Za izdavača
SIMON SIMONOVIĆ
*
Štampa
Elvod-print, Lazarevac

CIP – Каталогизација у публикацији
Народна библиотека Србије, Београд

850-32

КАЛВИНО, Итало
    Pre nego što kažeš „halo" / Italo Kalvino ; [izabrala i sa italijanskog
prevela Elizabet Vasiljević]. – Beograd : Rad, 2001 (Lazarevac : Elvod-
-print). – 123 str. ; 21 cm. – (Reč i misao ; knj. 525)

Prevod dela : Prima che tu dica „Pronto" / Italo Calvino. – Priče Itala Kalvina:
str. 121–122.

ISBN 86-09-00750-2

COBISS-ID 94295564

www.ingramcontent.com/pod-product-compliance
Lightning Source LLC
Chambersburg PA
CBHW051741090426
42738CB00010B/2367